토실토실
토끼를 안았습니다

- 유기토끼가 나를 구조하다 -

사 이의
순간들

2025년 10월 22일 초판 1쇄 발행

지은이 | 시안
책임편집 | 이경민
표지디자인 | 김혜빈
내지디자인 | 이경민

발행인 | 이경민
발행처 | 마이티북스
* 사이의 순간들은 마이티북스의 임프린트(하위 브랜드)입니다.

© 마이티북스

출판사 연락처
전화 | 010-5148-9433
이메일 | novelstudylab@naver.com
홈페이지 | https://마이티북스.com

ISBN 979-11-994493-0-5

이 책은 저작권법에 따라 보호받는 저작물이므로
무단전재와 무단복제를 금지하며,
이 책 내용의 전부 또는 일부를 이용하려면,
반드시 저작권자들과 출판사의 서면 동의를 받아야 합니다.

정가는 책 뒤표지에 표기되어 있습니다.
파본이나 잘못된 책은 구매한 서점에서 교환해 드립니다.

토실토실
토끼를 안았습니다

— 유기토끼가 나를 구조하다 —

프롤로그_미미가 남긴 물음, 왜 하필 토끼일까? .008

Chapter 1. 여기까지 오느라 참 고생했어 .015

- 엄마 토끼 십동이 .018
- 선택의 무게 .026
- 공원은 사람에게 좋은 곳 .033
- 꿈산과 토끼 수호자들 .040
- 모녀 .051
- 토끼 부부 .053
- 흙 속의 하얀 털 .060
- 토끼들의 섬 .063
- 데려가지 마세요 .071
- 증발 .075
- 지켜진 약속 .079
- 미국 마이애미 피셔 섬의 마리나 .088

Chapter 2. 우린 이미 애가 아홉이에요 .101

- 시작은 토비, 그리고 또롱이와 쪼꼬미 .106
- 빈자리를 채워준 꾸꾸 .114
- 동글동글해서 동동이 .121
- 다시 피어나는 은비 .125
- 아픔과 동행하는 행복과 희망, 나나 .128
- 그리고 아롱이와 다롱이 .144

Chapter 3. 해피엔딩을 위한 준비물 .147

- 호미의 레빗 키스 .149
- 아지의 표정 .154
- 다섯 가족의 막내둥이 .159
- 15살 할아범 까미와 혜미 .165
- 소노를 성장시킨 모정 .170
- 존재만으로도 충만해서 .178

Chapter 4. 이 별에서는 이별하지만

　　　　　　　　　　　　토끼별에서 우리 다시 만나길 .187

- 헤어짐이 남긴 것들 .189
- '그날'이 찾아올 때까지 .200
- 부서진 다리로 다녀간 천사 .207
- 나의 두 번째 토끼, 꽁이 .210
- 붉은 실로 묶인 인연 .223

Chapter 5. 전시장 토끼들은 어디로 가게 될까? .231

- 철창을 뚫고 닿은 것 .234
- 전시된 생명 사이에 행운이 있다면 .241

Chapter 6. 가축이 아닌 가족입니다 .249

- 산토끼는 없다 .254
- 쉬운 선택, 더 쉬운 유기, 그리고 신중한 입양 .258
- 입양 전 꼭 알아야 할 토끼 기본 상식 .264
- 건강한 토끼를 데려오는 방법 .269
- 반려토끼의 시대 .272

에필로그_토끼 유토피아 .278

편집자의 말_간악한 자백 .280

프롤로그

Prologue
미미가 남긴 물음, 왜 하필 토끼일까?

"어쩌다가 토끼를 그렇게 키우게 되셨어요?"

토끼들에 대한 이야기가 나오게 되면 반드시 받게 되는 질문이다. 궁금증 가득한 표정으로 쳐다보는 눈길에 마지못해 골똘히 생각하다 이렇게 답한다.

"그러게요, 왜 하필 토끼일까요?"

자주 받는 질문이지만 어렵다. 어쩌다가 토끼일까? 그것도 한 마리가 아닌 아홉 마리의 토끼와 살게 된 것일까? 그리고 매해 새로운 토끼들을 구조해 새로운 집을 찾아주게 된 것일까?

"그럴 바엔 차라리 개를 키워!"

토끼에 미쳐 있는 나를 보면 엄마는 이렇게 말한다. 엄마, 아빠는 '쿠키'라는 사랑스러운 검은 슈나우저 믹스견을 키우고 있다. 자식보다 더 쿠키를 아끼는 모습을 보면 가끔은 질투심이 생기기도 할 정도다. 쿠키를 끔찍이도 사랑하는 엄마가 보기엔 토끼를 사랑하는 내가 참 이해하기 어려운가 보다. 하긴, 그 마음을 이해 못하는 바도 아니다. 대부분의 사람들은 토끼는 교감도 안 되고, 재롱도 부리지 않는다고 생각하니까.

엄마가 민감하게 반응하는 데에는 또 다른 이유도 있다. 엄마에겐 토끼털 알레르기가 있는데, 내가 오랜만에 부모님을 만나러 가면 나에게 토끼털이 날린다며 재채기를 하고 창문을 열기 일쑤다. 아빠는 조심스럽게 나에게 물었다.

"그럼 토끼가 집에 몇 마리야?"

"그냥… 좀 많아."
"이제 그 이상은 데려오지 마. 너희도 이제 삶을 살아야지."

쓸데없는 염려를 끼치기 싫어서 대답을 얼버무렸지만, 아빠의 걱정 어린 말투를 피할 수는 없었다.

어린 시절, 부모님은 나를 무척 사랑했다. 하지만 맞벌이는 아이들에게 명확한 한계를 주기 마련이다. 부모님은 나의 외로움이 걱정되어 수많은 동물 친구들을 만들어주었다. 그건 부모님이 내게 보여줄 수 있는 가장 적극적인 사랑 표현법 중 하나였다.

그렇게 만난 친구들 중 가장 기억에 남았던 건 내가 12살일 때 만난 토끼 미미였다. 미미를 만나기 이전, 나는 토끼를 무척 무서워하는 어린이였다. 유치원에서 토끼장 사이로 넣은 손가락이 토끼에게 물렸던 탓에 어린 나이지만, 트라우마가 남았던 것 같다. 여리고 여린 피부 사이로 퐁퐁 솟아오르는 빨간 피의 이미지가 여전히 뚜렷하니 말이다. 그날, 그렇게 피를 본 이후로는 토끼 근처에는 얼씬도 하지 않았었다.

그러던 어느 날, 학교를 마치고 집에 오니 거실 한편에서 나를 쳐다보고 있는 토끼가 있었다. 엄마 딴에는 나를 위해 데려온 아이였다. 그렇지만, 토끼가 너무 무서웠기에 일주일 동안 한 발짝도 다가가지 못하고 멀리서 지켜만 봤다. 그러다 차츰차츰, 토끼와의 거리가 좁혀지고 드디어 토끼를 만질 수 있게 되었다. 그제야 하얀 몸에 예쁜 까만 점박이가 콕콕 박혀 있던 예쁜 토끼에게 미미라는 이름이 지어줄 수 있었다.

당시의 나는 생명을 책임진다는 것에 아무런 무게도 느끼지 못할 때였다. 미미에게 맞는 음식이 무엇인지, 어떻게 해야 미미가 행복할 수 있는지, 단 한 번도 따로 생각해 본적이 없었다. 초등학생에 불과했던 나는 그저 부모님의 말만 잘 들었을 뿐이다. 들은 대로 배추, 양배추, 상추, 당근 등 야채라면 그냥 손에 잡히는 대로 미미에게 주었다. 미미가 무른 변을 보며 엉덩이가 변으로 더러워질 때도 내가 잘못일 수 있을 것이란 생각은 전혀 하질 못했다. 잘못된 먹거리를, 잘못된 방식으로 주고 있었음에도 말이다. 그리고 그건 반대의 경우에도 마찬가지였다. 미미가 한 번은 소파에서 길게 몸을 쭉 뻗었는데, 한 번도 미미가 다리를 뻗는 모습을 보지 못했던 나는 혹시 미미가 갑자기 아파서 죽어버리는 게 아닐까 두려움에 벌벌 떤 적도 있었다. 지금은 그 자세가 토끼가 편안할 때 나오는 자세라는 걸 알고 있지만, 당시에는 토끼가 자신의 기분을 드러내는 방식 같은 것도 전혀 몰랐던 것이다. 아, 어쩌면, 그래, 만약 그때 그걸 알았더라면, 미미를 더욱 사랑해줄 수 있었을지도 모른다.

손바닥만 한 크기였던 미미는 순식간에 커졌다. 덩치가 커져버린 미미는 말 그대로 '짐 덩어리'였다. 배로 크기가 불어난 미미에게 어릴 적 살던 케이지는 장난감과 다름없었다. 좁아도 너무 좁았다. 밤만 되면 미미는 철창문을 잘근잘근 물어뜯으며 꺼내 달라고 아우성치기 시작했다. 커진 덩치만큼 똥도, 오줌도 훨씬 더 많이 쌌다. 게다가 잘못된 식습관으로 흘리던 무른 변도 엉덩이에 잔뜩 묻어 냄새가 났다. 그렇게 미미만 해도 골치였는데, 문제는 가족들에게도 옮겨졌다. 나를 제외한 온 가족이 비염 증상으로 재채기와 콧물을 흘렸던 것이다. 참다못한 부모님은 이내 나를 설득하기 시작했다. 미미가 더 잘 지낼 수 있는 곳으로 보내자며 미미와의 이별을 종용했다. 부모님의 뜻을 거역할 수 없던 철부지 초등학생은 하는 수 없이 부모님의 제안을 수락했다.

결국 미미는 어느 한 유치원에 '관상용 토끼'로 기증되었다. 부모님은 미미를 자주 보러 오자는 약속으로 겨우 나를 달랬다. 난 그 약속 하나에 매달렸다. 제대로 돌봐주진 못했더라도 내겐 이미 소중한 친구였으니 말이다. 얼마 뒤, 미미를 보낸 이후 처음으로 그 유치원을 찾아갔다. 난 급히 미미가 있을 야외 토끼장으로 달려갔다. 그렇지만, 어두컴컴한 토끼장만 있었을 뿐, 어디에도 미미가 없었다. 유치원 원장은 내게 미미가 밤에 땅굴을 파서 철창 너머로 도망가 버렸다고 말했다.

믿기 어려웠다. 모두 거짓말이 아닐까? 유치원 주변으로는 산들이 둘러싸여 있었다. 난 멍하니 산만 쳐다봤다. 그날 처음으로 상실감을 느꼈다. 사랑하는 무언가를 잃어버리고 말았다는 죄책감과 함께. 난 미미를 다시 볼 수 없다는 생각에 슬펐고, 미미가 혹시 잘못되진 않았을까 걱정되는 마음에 가만히 견딜 수도 없었다. 심지어 그 일을 계기로 더 이상은 새로운 생명에게 마음의 문을 열 수조차 없었다. 그렇게 미미는 내가 성인이 되기 전까지 마지막 반려동물이 되었다.

성인이 되어서도 드문드문 미미가 머리를 스쳐갔다. 아니, 자주 찾아왔다. 미미에게는 정말 무슨 일이 있었던 걸까, 아빠의 추측처럼 정말 유치원에서 미미를 잡아먹고 우리에게 시치미를 뗐던 것일까? 생각하면 생각할수록, 토끼에 대해 알면 알수록, 미미에게 얼마나 무신경하고 소홀했는지를 알게 된다. 그래서 미미를 다시 만날 수만 있다면, 더 잘해줄 텐데 하는 생각에 나보다도 내 슬픔의 키가 더 커져버리고 만다. 어쩌면 토끼에 대한 마음이 이토록 간절해진 건 모두 미미 때문인지도 모른다. 이제는 사진 한 장조차 찾아볼 수 없는 미미. 그런 미미에 대한 미안함이 나를 이끌었을지도 모른다는 이야기다. 미미를 생각하며 나는 지금도 토끼 구조 활동을 멈추지 않고 있다.

이제는 부모님도 나의 토끼 사랑을 이해하게 되었다. 엄마는 아직도 토끼털이 날린다고 재채기를 하지만, 더 이상 토끼를 키우지 말라는 말은 하지 않는다. 열띤 목소리로 토끼 이야기를 하는 나를 보며, 아빠도 그저 웃는다. 누군가에게는 별 의미 없는 작은 토끼가 나에게는 세상의 전부가 되었다. 나와 같은 마음인 사람들이 많다는 것을 이 책을 쓰며 한 번 더 확인했다. 토끼를 가족의 일원으로 받아들이고 또 사랑을 주는 수많은 사람들의 이야기를 이 책에 담았다.

세상 모든 토끼가 행복하길, 그리고 언젠가는 버림받는 토끼가 없어지길. 오늘도 간절히 바란다.

Chapter 1. 여기까지 오느라 참 고생했어

요즘 들어 어렵지 않게 유기되는 토끼들의 모습을 볼 수 있다. 토끼들이 발견되는 장소는 다양하다. 공원에서부터 산, 아파트 단지, 빌라까지. 사람들은 이 토끼들이 야생토끼라 짐작한다. 토끼를 보고 아이들이 좋아한다며, 심지어 자연 친화적이어서 좋다는 말까지 한다.

하지만 이들은 야생 토끼가 아니다. 도심에서 발견되는 대부분의 토끼는 사람의 손을 탄 집토끼다. 분명 아늑한 집 안에서 지냈을 아이들인데, 어느 순간 갑자기 길거리로 내몰렸다. 뭐가 문제였을까? 털이 너무 많이 빠져서? 전선을 갉아서? 덩치가 너무 커져서? 똥을 너무 많이 싸서? 어쨌든, 그 어떤 이유로도 동물 유기를 정당화하지는 못한다. 그렇지만 결과에 대한 책임은 오롯이 버려진 토끼의 몫이다. 그 운명은 참으로 가혹하다. 스스로 먹을 것을 찾아야 하며, 고양이나 개 그리고 차와 같은 온갖 위협에 시달린다. 머리가 사라진 채 사체로 발견되기도 하고, 죽기 직전 사람에게 다가와 도와 달라 호소하기도 한다.

과연 이런 토끼들에게 당근과 배추를 던져주는 것만이 최선일까? 먹이를 주는 것보다 먼저 구조에 대한 고려가 이루어져야 한다. 야생에서 제대로 된 먹거리 없이 춥고 더운 날씨를 온몸으로 견뎌낸 토끼들의 몸은 빠르게 병든다. 장마철 비에 젖어 저체온증이 오기도 하고, 심각한 피부병과 눈병에 걸려 눈을 제대로 뜨지 못할 정도로 눈곱이 끼고 엉덩이와 등에 있던 털이 듬성듬성 빠지기도 한다. 제대로 못 먹어서 영양실조에 걸리는 건 흔한 일이고, 귀는 진드기에 감염되어 출혈과 염증으로 빈혈이 생기기도 한다.

우린 그런 아이들을 감히 외면할 수 없었다. 현재 내 남편이 된 동현은 '토비'를 시작으로, 나는 '꾸꾸'를 시작으로, 토끼를 구조하고 임시보호 하는 일에 나섰다. 그 과정에서 적당한 사람들에게 입양을 보내는 일도 함께 해왔다. 이제는 몇 마리가 우리를 거쳐 갔는지 셀 수 없을 정도로 많은 토끼들을 구조했지만, 한 마리, 한 마리, 모두 생생하게 기억하고 있다. '토끼 구조 이야기'에서는 우리가 구조한 토끼들뿐만 아니라, 토끼 구조를 위해 힘쓴 사람들의 이야기도 함께 다루어보려 한다.

엄마 토끼 십동이

 2022년, 경기도의 모 아파트가 들썩였다. 아파트 단지에 난데없이 토끼가 나타난 것이다. 작은 갈색 토끼는 사람들의 손을 피해 이리 뛰고 저리 뛰며, 달리는 차들 사이로 위험한 곡예를 펼쳤다. 온 아파트 주민들이 행여나 토끼가 차에 치일까 봐, 긴장감에 몸을 달달 떨었다. 결국 모두 팔을 걷어붙이고 나서서 토끼 구조에 열을 올리게 되었다. 모두 한마음으로 합심한 덕에 토끼는 안전하게 포획될 수 있었다.

 아파트 주민은 동네 중고마켓에 토끼 주인을 찾는 글을 올렸다. 나와 동현은 그 글을 보자마자 서둘러 토끼가 발견됐다는 아파트로 향했다. 토끼의 주인이 잃어버리기보단, 고의적으로 유기했을 가능성이 컸기 때문이다. 도착하자마자 우린 토끼의 몸 상태부터 살폈다. 1.4kg의 작은 체구를 가진 암컷 토끼였다. 작은 덩치로 미루어보아 아직 성장 중이거나, 체형이 유난히 작은 토끼일 것으로 추정되었다. 토끼는 사람의 손길을 애써 피하지 않았다. 얌전히 품에 안겨 두 눈을 동그랗게 뜨고 있던 토끼는 이 모든 상황이 어리둥절해 보였다.

"혹시 이 아이 이름을 지어주셨나요?"
"글쎄요, 발견된 아파트 단지가 '이십동'이니까 '십동이'라고 부를까요?"
"좋네요. 그럼, 십동이를 우리가 새집을 찾을 때까지만 잠시 돌봐주실 수 있을까요? 한 달 뒤에 저희가 데려가겠습니다."

당시 우리는 이사 준비로 한창이었기에, 임시보호를 부탁드렸다. 건초와 사료, 용품을 전달하고, 토끼의 안부를 종종 묻겠다고 약속했다. 토끼가 구조된 지 한 달이 채 되지 않은 어느 늦은 밤, 임시보호자에게서 전화가 걸려왔다.

'이 시간에 전화를 하실 분이 아닌데?'

긴장된 마음으로 전화를 받았다.

"여보세요?"

"십동이가 갑자기 새끼를 낳았어요. 어떡하죠?"

그날 오전, 임시보호자는 십동이가 건초를 입에 잔뜩 물고 케이지 이곳저곳을 뛰어다닌다고 말했지만, 우리는 임신일 거라곤 상상도 하지 못했다. 예상치 못한 상황에 여기저기 조언을 구했다. 공간을 어둡게 해줄 것, 새끼를 만지지 말 것… 여러 조언을 들을 수 있었고, 밤이 늦었기에 다음 날 방문하겠다는 약속을 하고 통화를 마무리했다. 이후 임시보호자가 여러 장의 사진을 보내왔다. 손가락 두 마디도 채 되지 않아 보이는 핏덩이 새끼들이 찍혀 있었다.

"한 마리는 미숙아인 것 같아요."

비닐장갑을 낀 손에 들려 있는 새끼는 한눈에 봐도 상태가 좋지 않아 보였다. 온몸은 핏기 없이 새하얗게 질려 있었고, 귀는 몸에 붙은 채로 떨어지지 않았다. 그 새끼는 얼마 지나지 않아 숨을 거두었다. 하지만 그 외 다섯 마리의 새끼들은 건강하게 숨을 쉬며 어미의 젖을 찾고 있었다.

뜬눈으로 밤을 보낸 뒤, 임시보호자의 집으로 향했다. 임시보호자는 조심스럽게 토끼들이 있는 방으로 우리를 안내했다. 기특하게도 십동이는 씩씩하게 건초를 먹고 있었다. 케이지 한쪽 구석에 산실을 마련한 십동이의 모습이 참으로 대견했다. 눈을 아직 뜨지 않은 귀여운 새끼들은 벌써부터 벨벳처럼 짧고 윤기 나는 털이 피부를 덮고 있었다. 서로 체온을 유지하려는 듯 포개어 몸을 맞댄 새끼들의 모습에, 우리 입에서는 연신 "귀엽다"는 말이 흘러나왔다. 임시보호자 또한 어느새 간밤의 폭풍우를 잊은 듯 우리와 같은 마음으로 새끼들의 귀여운 모습을 바라보며 흐뭇한 미소를 지었다.

우리는 임시보호자에게 한 달만 더 아이들을 돌봐 달라고 부탁할 수밖에 없었다. 예정보다 길어진 임시보호 기간에도 불구하고, 임시보호자는 흔쾌히 아이들을 돌보겠다고 했다. 십동이와 새끼들을 두고 집으로 돌아오는 발걸음은 무거웠다.

한 달은 순식간에 흘러갔다. 임시보호자는 무럭무럭 자라나는 새끼들의 사진을 매일 보내주었다. 2주쯤 지나자, 새끼들이 하나둘 눈을 뜨기 시작했다. 마냥 작고 연약하기만 했던 십동이는 어느새 엄마 노릇을 톡톡히 해주고 있었다. 어미젖을 잘 먹은 새끼들의 배는 통통하게 부풀어 있었다. 눈을 뜨기 시작하자 새끼들은 새로운 세상에 대한 호기심으로 가득 차 있었다. 폴짝폴짝 넘어지며 이곳저곳을 돌아다니기 시작했다. 커다란 케이지의 철창 틈을 빠져나와 밖에서 한참을 뛰놀기도 했다. 결국 새끼들이 빠져나오는 걸 막기 위해 케이지 하단을 비닐 랩으로 칭칭 감아야 했다.

약속한 대로 한 달 뒤, 십동이와 새끼들을 데리러 갔다. 그리고 곧장 십동이와 새끼들의 입양처를 알아보기 시작했다. 토끼들은 하루가 다르게 자랄 것이고, 조금이라도 더 커진다면 입양 희망자가 줄어들 수 있다는 걸 잘 알고 있었다. 손바닥의 반도 안 되는 작은 새끼 토끼들에게 하나하나 이름을 붙여주고, 정성껏 돌봐준 임시보호자 덕분에 아이들은 일찍이 갈 곳이 정해졌다. 하지만 가장 걱정이 된 건 십동이었다. 이미 다 자란 토끼인데다 출산 경험까지 있었기에, 과연 누가 입양을 원할지 걱정스러웠다.

"저는 십동이가 너무 예쁜데, 가족들이 건강한 토끼를 입양하고 싶어하네요."

십동이를 입양하려던 분이 조심스레 사과했다. 건강한 토끼와 오래 함께하고 싶다는 그 마음을 이해하지 못하는 바는 아니었기에, 나는 수긍할 수밖에 없었다. 출산은 사람이든 동물이든, 많은 에너지를 쓰는 일이다. 그럼에도 불구하고, 나는 이런 십동이를 온전히 받아줄 수 있는 곳을 찾아야 한다고 생각했다. 만약 십동이가 행복할 수 있는 최고의 집을 찾지 못한다면, 그대로 우리와 함께 살면 그만이란 생각으로 애써 마음에 여유를 가지려 했다. 그런데 그렇게 마음을 먹으니 오히려 일이 쉽게 풀렸다. 덜컥, 십동이의 입양처가 정해졌던 것이다. 십동이의 사연을 듣고 안타까운 마음에 연락해온 입양 희망자가 있었다. 처음엔 당연히 새끼 토끼 입양 문의인 줄 알았지만, 입양 희망자는 의외의 말을 꺼냈다.

"저는 십동이를 입양하고 싶어요."
"엄마 토끼 말씀이신가요? 출산한 토끼요?"

입양 희망자는 그렇다며 조심스레 물었다.

"제가 사는 곳이 대구인데, 괜찮을까요?"
"물론이죠!"

가장 걱정됐던 십동이가 입양된다니! 새끼들이 모두 입양되었을 때보다 훨씬 더 기뻤다.

입양을 가기 전, 십동이와 아가들은 간단한 건강검진과 성별 확인을 마친 후 부산으로 향하는 KTX에 올랐다. 십동이를 포함한 아가들 또한 대구와 부산으로 입양될 예정이었다. 새 집으로 떠나기 전, 이동장 속에 있던 토끼들은 자신의 운명을 알 리 없었기에 불안에 잔뜩 질린 채 서로에게 꼭 붙어 떨어지지 않았다. 동그란 눈을 크게 뜬 모습이 안쓰러웠다. 토끼 가족을 발견한 승객들은 마치 아이들의 새 출발을 축복하듯 따뜻한 미소를 지어주었다. 아이들을 보내고 집으로 돌아오는 발걸음은 날아갈 듯 가벼웠다. 구조 활동을 하며 느끼는 가장 행복한 순간이었다. 구조한 아이들이 좋은 집을 찾아 입양되는 것만큼 보람찬 일이 또 있을까? 분명, 새로운 집에서 다들 잘 지낼 것이라고 확신했다.

Chapter 1. 여기까지 오느라 참 고생했어

선택의 무게

 지난 2024년, 중랑구에서 한 마리의 더치 토끼가 도로 사이를 위험하게 횡보하고 있다는 제보를 받았다. 시민들이 토끼를 잡으려 시도했지만, 토끼는 경계가 심하고 워낙 재빨라 매번 실패했다고 했다. 당장이라도 교통사고가 날까 걱정이 되었던 우리는 그 길로 토끼를 구조하러 나섰다. 가지고 있는 구조 도구라곤 이동장, 그리고 손에 들린 작은 바나나와 일본에서 직구한 당근 맛 사료가 전부였다. 맨손으로 경계가 심한 토끼를 구조할 수 있을까 걱정되었지만, 동현은 반드시 구조할 수 있을 거라며 나를 안심시켰다. 늦은 밤, 동현의 퇴근 시간에 맞춰 중랑구로 향했다. 우리를 기다리고 있던 제보자가 반갑게 맞아주었다. 토끼는 아파트 단지를 넘어 병원 뜰과 도로 근처를 오가고 있었다. 제보자의 말에 따르면, 사진으로 보았던 토끼 외에도 두 마리의 토끼가 더 있다고 했다. 탐색 작업을 시작한 지 얼마 지나지 않아, 어렵지 않게 토끼를 발견할 수 있었다. 검은 바지를 입은 듯한 더치 무늬의 '배바지 토끼'였다.

토실토실한 몸통과 윤기 나는 털을 가진 토끼에게 조심스레 다가갔지만, 토끼는 눈을 더욱 크게 뜨고 경계하기 시작했다. 한눈에 보아도 사람 손길을 탄 지 오래된 듯한 모습이었다. 부드러운 목소리로 말을 걸며 토끼에게 조금씩 다가가려 했지만, 토끼는 이내 요란하게 발을 구르기 시작했다.

사람을 극도로 경계하는 모습에 우린 다가가는 걸 포기하고 우선 가져온 바나나를 던져 보기로 했다. 하지만 토끼는 바나나를 거들떠보지도 않았다. 아무리 맛있는 음식이라도 먹어본 적이 있어야 맛있는 줄 알 텐데, 가엾게도 이 토끼는 바나나도 먹어본 적이 없었던 것 같았다. 우린 고민에 빠졌다. 이대로는 구조 자체가 어려웠다. 그러던 중 챙겨왔던 당근 맛 사료가 떠올랐다. 다시 한 번, 토끼 앞에 조심스럽게 사료를 뿌렸다. 다행히 이번에는 토끼가 관심을 보였다. 고개를 돌려 코를 킁킁거리기 시작하더니 곧 맛있게 사료를 먹기 시작했다.

여전히 잔뜩 긴장한 자세였지만, 조금씩 사람에게 다가오고 있었다. 이내 내 손앞까지 다가온 토끼는 코를 박고 사료를 먹기 시작했다. 나는 조심스럽게 반대쪽 손을 아주 천천히 뻗어 토끼의 등가죽을 움켜쥐었다. 놀란 토끼는 사방으로 다리를 날리며 격렬하게 반항했다.

'지금 놓치면 끝장이야!'

나는 더욱 단단히 등을 움켜쥐었다. 동현이 급히 들고 온 이동장에 토끼를 재빨리 넣고 문을 닫았다. 마침내 구조에 성공했다. 고양이를 키우던 제보자는 "고양이 구조보다 훨씬 평화롭네요"라며 웃으며 말했다. 고양이들을 구조할 땐 온몸이 할퀴어지는 게 기본이라고 했다. 분명 경계심이 심한 것을 제외하면 토끼는 비교적 구조가 수월한 동물이다. 만약 토끼가 온몸을 할퀴기라도 했다면, 아마 잡을 용기조차 나지 않았을 게 뻔하다.

토끼 구조에 성공한 우리는 토끼를 집으로 데려왔다. 작은 방 한편에 토끼가 쉴 수 있는 공간을 마련해주었다. 그런데 무언가 이상했다. 토끼의 호흡이 지나치게 가빴고, 숨이 뜨거웠다. 배를 조심스럽게 만져보았다. 손끝에 동그랗고 작은 무언가가 느껴졌다. 이내 그 물체는 손끝에서 빙그르르 돌더니, 꾸물꾸물 더 깊은 곳으로 사라졌다. 확신할 수는 없었지만, 임신일 것 같단 강한 예감이 들었다.

다음 날 병원을 찾았다. 예상대로 뱃속에는 생명이 자라고 있었다. 엑스레이로 엄지 한 마디 크기의 작은 두개골 뼈와, 그 아래로 길게 이어진 척추 뼈가 보였다. 병원에서는 다섯 마리 이상의 새끼가 있을 것 같다고 했다. 하지만 상황은 녹록치 않았다. 피검사 수치가 좋지 않았고, 태아가 정상적으로 살아있는지조차 확신할 수 없다고 했다. 다섯 마리 새끼를 살릴 것인지, 아니면 건강이 좋지 않은 산모를 위해 중성화를 바로 진행할 것인지, 선택이 필요했다.

우리는 깊은 고민에 빠졌다. 다섯 마리 혹은 그 이상의 토끼들이 태어난다면, 그 모든 아이를 입양 보내야 한다는 현실이 막막하게 느껴졌다. 결국 후원자와 구조 협력자와의 오랜 논의 끝에 중성화를 진행하기로 결정했다.

긴 기다림이 시작되었다. 손톱을 물어뜯으며, 토끼가 수술실에서 나오기만을 초조하게 기다렸다. 큰 수술을 앞두고 토끼가 잘못되지는 않을까 노심초사하는 마음이었다. 약 두 시간 뒤, 수술이 끝났다. 무거운 표정의 수의사가 한 장의 사진을 보여주었다.

"뱃속의 아이들은 모두 살아 있었어요."

그건 바로 토끼의 자궁 사진이었다. 아이들을 고이 품고 있었던 토끼의 자궁.

"아이들이 꽤 자란 상태라서 상처 부위를 크게 가를 수밖에 없었어요. 마취가 완전히 풀리려면 시간이 조금 더 걸릴 거예요."

우리는 안내를 받아 회복실로 향했다. 수술실을 지나 회복실로 들어가는 길. 방 안쪽에서 검붉은 덩어리가 눈에 들어왔다. 주머니처럼 보이던 그 덩어리는 바로 아이들이 담겨 있던 토끼의 자궁이었다. 아이들은 그 안에서 아직 꿈틀거리며 움직이고 있었다. 순간 시공간이 멈춘 듯했다. 내 두 눈만 카메라 셔터처럼 빠르게 깜빡이며, 내 머릿속에 지워지지 않을 이미지를 빼곡하게 채워놓았다.

집으로 돌아오는 내내 동현과 나는 한마디도 하지 않았다. 주차장에 도착해 시동을 끈 후에서야 우리는 누가 먼저랄 것도 없이 흐느끼기 시작했다. 한참을 울던 동현이 말했다.

"나는 다시는 이런 짓 못 하겠어. 토끼에게 너무 미안해서 미칠 것 같아."

아무리 토끼를 위한 선택이었다 하더라도, 우리의 선택으로 인해 무고한 생명이 빛을 잃었다는 사실은 바뀌지 않았다. 수의사가 보여준 사진, 그리고 수술실에서 본 그 덩어리. 그 장면이 도무지 머릿속에서 잊히지 않았다.

토끼는 '까꿍'이라는 새 이름을 가지고 새로운 거처로 떠났다. 까꿍이의 구조를 통해 우리는 굳게 다짐했다. 만약 또 임신한 토끼를 구조하게 된다면, 그땐 다시는 같은 선택을 하지 않으리라고. 반드시 무사히 출산할 수 있게 도와주고, 모든 아이들이 새로운 집을 찾아갈 수 있도록 끝까지 책임지겠다고 약속했다.

그 약속을 한 지 약 1년 뒤, 우리는 임신한 토끼 '사랑이'와

'공주'를 구조하게 되었다. 그리고 이번에는 그 약속을 지킬 수 있었다.

공원은 사람에게 좋은 곳

"잘 살고 있는데 왜 데려가!"

한 시민이 소리쳤다. 아픈 토끼를 구조하러 온 봉사자들은 우물쭈물하다가 겨우 답했다.

"치료해주고 다시 돌려놓겠습니다."

이 공원에는 하루에도 수십 명의 사람들이 오간다. '산스장'이라 불리는 야외 운동 시설에서는 운동하는 시민들의 발 사이로 토끼들이 스쳐 지나간다. 이곳의 토끼들은 시민들에게 이미 낯설지 않은 존재다. 운동하거나 대화를 나누는 사람들도 토끼에게 별다른 반응을 보이지 않는다. 그중에서도 특히 토끼를 좋아하는 건 어르신들이다. 매일같이 공원을 찾아와 먹이를 챙겨주는 이들도 있다. 누군가 토끼를 데려가려 하면, "잘 살고 있는데 왜 데려가냐"며 구조하려는 이들을 막아서기도 한다. 그런데 과연 이 토끼들은 공원에서 "잘" 살고 있는 걸까?

한 번은 누군가 토끼를 위해 멸치 똥을 공원에 두고 갔다. 하지만 토끼는 초식동물이다. 멸치는 먹을 수 없다. 그 외에도 집에서 먹다 남은 각종 음식물 쓰레기를 "토끼 먹으라고" 내어놓는 경우가 많다. 추운 겨울이 되면, 하루에 한 번 들르는 봉사자가 얼어버린 물을 버리고 새 물을 채운다. 사료와 건초, 생초도 놓고 간다. 그 짧은 방문 시간 동안 봉사자는 꽁꽁 언 손을 호호 불 틈도 없이 움직인다. 눈앞에 있음에도, 그저 바라볼 수밖에 없는 토끼들. 구조해서 데려갈 수 없는 현실에 그는 그저 누군가 나타나 이 안타까운 생명들을 구조해주길 간절히 기도할 뿐이다.

Chapter 1. 여기까지 오느라 참 고생했어

차디찬 겨울바람보다 더 차가운 현실에 놓인 토끼들. 이 토끼들 또한 한때는 따뜻한 집에서 사랑받으며 살던 아이들이었을 게 분명하다. 졸릴 때 자고, 배고플 때 먹고, 사람에게 쓰다듬음을 받으며, 청결하고 아늑한 공간에서 행복한 토끼로 하루하루를 보냈을 테다. 그러다 마른 하늘의 날벼락을 맞은 격이다. 하루아침에 공원으로 버려지고, 그곳의 터줏대감 토끼들과 영역 다툼에 휘말리게 된다.

토끼들의 영역 싸움은 죽음을 초래할 정도로 심각하다. 귀가 찢기는 정도는 부상 축에도 들지 않는다. 잘못 물렸다간 입과 코가 크게 다쳐 음식물을 씹고 삼키는 데에 지장이 생기는 치명적인 상처를 입기도 한다. 심한 경우, 앞니가 통째로 뽑혀 음식물을 전혀 먹을 수 없는 영구적인 장애를 얻기도 한다. 그러니 버려진 토끼들은 이전과는 완전히 새로운 삶, 투쟁의 삶을 살아내야만 한다.

서열을 막론하고, 토끼들에게는 공통된 고민거리가 있다. 바로 먹거리다. 따뜻한 봄과 초여름에는 토끼들이 바닥에 난 질경이 같은 각종 풀을 뜯어 먹는다. 그나마 풀이 풍성하게 나는 시기에는 공원에 자라나는 풀과 가끔 방문하는 먹이 봉사자들 덕에 굶어 죽을 일은 없다. 하지만 조금만 더 시간이 지나면, 여름이 찾아온다. 여름은 잔혹한 계절이다. 토끼는 무덥고 습한 날씨 속에서 체온 조절을 오직 귀로만 해야 한다. 그것만으로도 견디기 버거운 계절이다. 게다가 장마철에 쉬지 않고 내리는 비는 답이 없다. 마를 새 없이 종일 젖게 되는 토끼의 몸은 결국 저체온증과 피부병에 걸리게 된다. 그렇게 시름시름 앓다 죽는 일이 비일비재하다. 이어지는 겨울은 죽음으로 덮인 계절이다. 뜯어먹을 풀조차 없다. 힘겨운 토끼들은 서로의 몸을 포개 체온을 나누며 에너지를 아낀다. 먹이 봉사자들이 방문해도 손길은 턱없이 부족하다. 배고픔을 이기지 못한 토끼는 바닥의 모래와 돌멩이를 삼켜가며 쓰라린 위를 채운다.

이게 어딜 봐서 "잘" 사는 걸까? 인간들은 이처럼 잘 모르면서 자의적으로 해석하고 그치는 일이 많다. 덕분에 공원이나 방벽 같은 산을 연상케 하는 비슷한 환경이면 어디서든 토끼를 봤다는 제보가 이어진다. 심지어 요즘에는 아파트 단지 화단에서 목격했다는 제보도 연일 쏟아지고 있다. 그렇지만, 단언컨대 공원은 토끼들의 낙원이 아니다. 풀도 없고, 비를 피할 곳도 없다. 격렬한 다툼 끝에 귀가 찢어지고 코가 물린다. 먹을 것이 없어 나무뿌리를 뜯고 견디다 못해 모래와 돌을 삼킨다. 공원 토끼들의 고통을 외면하지 못한 봉사자들은 오늘도 공원을 향해 걷는다.

2025년 3월, 공원에서 쓰러진 채 숨을 가쁘게 몰아쉬고 있는 토끼가 발견됐다. 고통 속에서 생명의 불씨가 꺼져가는 토끼 곁을 다른 토끼들이 둘러쌌다. 앞발로 흔들어보고 몸을 핥아주기도 했지만, 토끼는 일어나지 못했다. 봉사자가 도착하고 얼마 지나지 않아 토끼는 결국 숨을 거두고 말았다. 치료 한 번 받지 못한 채 차가운 땅바닥에서 맞이한 마지막이었다.

그런데 더 안타깝고 무서운 사실은 이게 흔치 않은 경우라는 사실이다. 토끼의 죽음이나 사체가 직접적으로 발견되는 일은 조금도 흔치 않다. 고양이나 야생동물에게 잡혀 죽거나, 동네 어르신들이 잡아서 먹거나, 시장에 팔기 위해 납치당하기도 한다. 유기되거나 잔인하게 살해당한 토끼는 있지만, 그 누구도 제대로 처벌받지는 않는다. CCTV 하나 없는 공원은 납치범을 추적할 수조차 없다.

1년 넘게 민원을 넣고서야 구청에서 해준 건 '토끼를 유기하지 마세요'라는 현수막 하나가 전부였다.

꿈산과 토끼 수호자들

 2012년, 생일을 맞아 친구와 함께 올림픽공원에 나들이를 갔다. 도시락과 음료를 챙겨 벤치에 앉아 풍경을 즐기고 있던 중 토끼들이 눈에 띄었다. 털이 새하얗고 검은 점박이가 있는 영락없이 귀여운 모습의 토끼들이었다. 그뿐 아니라 갈색 털을 가진 토끼들도 보였다. 당시엔 토끼에 대해 잘 몰랐기에, 갈색 털의 토끼들은 야생 토끼겠거니 하고 막연히 넘겼다.

 그런데 토끼들의 모습이 어딘가 이상했다. 털은 듬성듬성 빠져 있었고, 엉덩이 주변에는 오물이 잔뜩 엉겨 붙어 있었다. 겁에 질린 눈빛으로 토끼는 나를 경계했다. 자세히 보니, 토끼들 모두가 하나같이 아파 보였다. 털이 엉망인 토끼, 누렇게 변색된 털, 부어 보이는 눈가와 심하게 낀 눈곱, 염증과 각질로 막혀 있는 귀까지… 어느 하나 멀쩡한 아이가 없었다. 하지만 토끼들은 우리가 다가가자 우르르 몰려와 먹을 것을 달라는 듯 빙빙 곁을 돌았다. 마침 샐러드를 싸왔기에 야채를 조금 나눠줬더니, 토끼는 뒷발로 서서 받아먹었다. 그 모습을 본 친구는 나를 말렸다.

"야생 토끼니까 만지지 마!"

그때는 잘 몰랐지만, 시간이 지난 지금은 확실히 알고 있다. 도심에 야생 토끼란 없다. 누군가가 버린 토끼들만이 있을 뿐. 덕분에 내게 '올림픽공원'은 더 이상 마냥 아름답기만 한 곳이 아니다. 난 그곳에서 너무 많은 토끼를 만났다. 약 43만 평에 이르는 거대한 자연 생태계, 드넓은 잔디와 수변 공간이 어우러져 다양한 생명체들의 보금자리가 되고, 시민들이 산책하고 운동하며 여가를 즐기는 공간. 그런 공간에 토끼를 유기하는 사람들이 드나들고 있다.

올림픽공원의 토끼들을 그 누구보다 오래 지켜본 존재가 있다. 바로 유튜버 '꿈산'이다. 꿈산에 따르면, 아주 오래전부터 올림픽공원에는 토끼들이 살고 있었다고 한다. 2001년, 올림픽공원 근처로 이사 온 꿈산은 공원을 산책하다가 토끼들을 처음 보게 되었다고 한다. 자연과 생명을 사랑했던 그는 점차 공원 속 토끼들에게 관심을 가지게 되었고, 2013년부터는 본격적으로 먹이를 챙겨주기 시작했다. 주변의 권유로 유튜브 채널도 열었다. 그저 누군가라도 공원 토끼들의 현실을 알아주기를 바라는 간절한 마음으로.

그가 올린 영상을 통해 많은 이들이 올림픽공원에 수많은 토끼들이 버려지고 있다는 사실을 알게 되었다. 꿈산은 토끼들의 일상을 촬영하고 밥을 주며 토끼 하나하나에게 이름도 붙여주었다. 한때는 한눈에 50여 마리의 토끼가 보일 정도로 버려진 토끼들의 수가 폭발적으로 늘어난 적도 있었다. 버려진 토끼들끼리 마구잡이로 교배하며 개체 수가 급격히 증가한 것이다. 하지만 올림픽공원이 호주처럼 토끼 몸살을 앓을 일은 없었다. 공원의 토끼들은 결코 오래 살지 못했기 때문이다. 갓 굴에서 나온 3~4주 된 새끼 토끼들은 부모의 곁을 떠나 독립하자마자 길고양이의 먹이가 되기 일쑤였다. 집에서 오래 지내던 토끼들은 야생에 적응하지 못하고 버려진 지 하루 만에 사라지는 경우도 허다했다. 그렇게 수백 마리의 토끼가 올림픽공원에서 생을 마감했다.

꿈산은 토끼를 물어 죽이는 고양이들이 밉지 않다고 말했다. 고양이들 역시 자연의 섭리대로 살아갈 뿐이니 그들을 미워할 수는 없다고 했다. 그러나 고양이보다 더 많은 수의 토끼를 죽음으로 내모는 존재가 따로 있다고 말했다. 쓴 미소를 지으며, 그는 조용히 털어놓았다.

"토끼를 가장 많이 죽이는 건 고양이가 아니라 개들이에요."

공원 곳곳에는 각종 주의 표지판이 큼지막하게 붙어 있다. 대부분이 반려견과 관련된 경고문이었다.

'강아지 목줄을 짧게 잡으세요.'
'대형견은 입마개를 하세요.'

산책을 위해 반려견과 함께 공원을 찾은 견주. 개가 토끼를 발견하는 순간, 본능적으로 달려들기 시작한다. 견주는 별다른 경계 없이 토끼를 쫓는 개를 따라 설렁설렁 걸어간다. 개가 토끼 가까이 다가가 킁킁거리며 탐색을 시작하고, 겁에 질린 토끼는 그 자리에 얼어붙는다. 냄새를 맡던 개가 갑자기 돌변한다. 순식간에 토끼에게 달려들어 목덜미를 물고 세차게 흔든다. 자신보다 몇 배나 큰 개에게 목덜미를 물린 작은 몸은 비명 한 번 제대로 내지 못한 채 고통 속에서 생을 마감한다.

공원에서 토끼를 돌보던 할아버지들이 다가가 견주에게 항의한다.

"개를 왜 방치 하냐?"
"왜 토끼를 물어 죽이냐?"

그러자 오히려 견주가 목소리를 높이며 화를 낸다.

"당신들이 토끼 주인이야?"

틀린 말은 아니다. 토끼들은 주인이 없다. 원치 않게 버려져 이 공원에 살게 된 아이들이다. 주인 없는 토끼에겐 권리도 없다. 그렇기에 아무리 억울하고 잔인하게 살해당했다 하더라도 누구도 책임지지 않는다. 누가 그들의 원한을 풀어줄 수 있을까.

꿈산은 수백 마리의 토끼가 개에게 물려 죽었다고 말한다.

어떤 견주는 토끼몰이를 즐기듯 개를 자유롭게 풀어두기도 했다. 도망치는 토끼의 비명을 웃으며 지켜본 사람도 있었다. 토끼는 공포에 사로잡혀 전력으로 달아나다 척추가 부러지기도 했다. 후지마비가 되어 오랜 시간 고통에 몸부림치다 결국 죽음에 이르는 경우도 있었다. 뒷다리 근육이 발달되어 뼈가 연약한 토끼의 신체 구조는 갑작스러운 공포 반응에 무방비하다. 골절은 순식간이다.

"우리 애는 안 물어요."

자신감에 찬 견주의 말은, 너무나도 익숙한 문장이다. 집에선 사랑받는 반려견일지 몰라도 사냥 본능은 다르다. 모든 개가 그렇다는 말은 아니다. 하지만, 사냥 본능이 강한 개는 분명 존재한다. 꿈산은 공원을 찾는 견주들을 향해 매일같이 같은 말을 되풀이한다.

"토끼에게 가까이 가지 않게 해주세요. 토끼는 정말 너무 연약합니다."

어느 날, 공원에 낯선 토끼 한 마리가 나타났다. 흰 갈기가 멋지게 솟은 작은 라이언헤드 토끼였다. 다른 토끼들보다 훨씬 작은 체구였지만, 왠지 모르게 존재감이 있었다. 꿈산은 이 토끼가 자꾸 눈에 밟혔다.

그날도 여느 때처럼 먹이를 주기 위해 조심스레 손을 내밀었는데, 그 순간 머릿속에서 번개가 번쩍였다. 토끼가 꿈산의 손가락에 덥석 물고는 매달린 채 놓아주지 않았다. 피가 철철 흘렀다. 당황한 꿈산은 토끼를 떼어내고 한동안 손가락을 감싸 쥐고 서 있었다. 왜 이러는 걸까? 토끼가 왜 사람을 문단 말인가? 이해할 수 없었다.

얼마 뒤, 공원을 지키는 경비 아저씨로부터 뜻밖의 이야기를 들었다.

"사람도 물고, 집에서 키우던 개도 무니 도저히 같이 못 살겠다고 누가 버리고 갔대요. 그래도 불쌍한 토끼니 잘 좀 돌봐줘요."

아저씨는 안타까운 얼굴로 말했지만, 사람을 무는 토끼를 어떻게 돌보란 말인지 꿈산은 상상조차 잘 되질 않았다.

그날 이후, 꿈산은 이 작은 토끼에게 최대한 조심스럽게 다가갔다. 잔뜩 걱정하며 경계했던 꿈산과 달리 며칠 지나지 않아 토끼는 조금씩 마음을 열기 시작했다. 꿈산이 공원에 들어서면 저 멀리서부터 달려와 그의 다리에 얼굴을 부비고, 턱으로 툭툭 치며 애교를 부렸다. '난폭하다'는 말이 무색할 정도였다. 그저 작고, 사랑스러운, 애교 많은 토끼였다.

그러던 어느 날, 토끼의 앞니가 모두 빠져 있는 걸 발견했다. 다른 토끼들과 싸우다 그렇게 된 것인지, 아니면 어떤 사고 때문인지는 알 수 없었다. 하지만 앞니를 잃은 토끼는 더는 스스로 먹이를 씹을 수 없었다. 꿈산은 토끼를 위해 사료와 채소를 잘게 잘라 입에 넣어주었다. 토끼는 남아 있던 어금니로 꿈산이 정성껏 준비한 음식을 천천히 씹어 먹었다.

며칠 뒤, 비가 거세게 쏟아지던 날이었다. 평소처럼 공원의 토끼들을 살피기 위해 우산을 들고 나선 꿈산은 한켠에서 비를 그대로 맞고 있는 작은 라이언헤드 토끼를 발견했다. 다른 토끼들은 두꺼운 털 덕분에 비를 맞아도 금세 털이 복슬복슬해졌지만, 이 토끼는 달랐다. 털이 축 늘어져 있었고, 몸집은 삐쩍 말라 다른 토끼의 절반도 채 되지 않았다. 걱정이 몰려왔다. 이대로 두면 안 되겠다는 생각이 들었다. 꿈산은 고민 끝에 다음 날 다시 공원을 찾아 토끼를 병원에 데려가기로 마음먹었다. 하지만, 이상하게도 그날은 토끼가 보이지 않았다. 매일 공원에서 토끼들과 시간을 보내는 할머니들에게 물었다.

"혹시… 이빨 빠진 토끼 봤어요?"

할머니들은 토끼가 죽었다고 했다. 그리고 죽은 토끼의 사체는 어떤 할아버지가 자신이 먹겠다며 가져갔다고 했다. 버림받은 토끼의 마지막은 이루 말할 수 없을 만큼 처참했다. 이야기를 마친 꿈산은 한동안 말이 없었다.

라이언헤드 토끼를 버렸던 주인은 자신이 내다 버린 토끼의 마지막이 그렇게 끔찍했다는 말을 들으면 어땠을까? 일말의 죄책감을 느꼈을까? 아니면 그저 '어쩔 수 없었다'며 화를 내거나, 아무렇지 않게 넘겨버릴까? 왜 죄책감과 미안한 마음은 이 버려진 토끼들을 사랑하고 아껴준 이들의 몫인 것일까?

꿈산은 자신의 활동에 대해 확신이 없었던 적이 있었다고 했다. 혹여나 누군가에게 "공원에 토끼를 버려도 누군가 돌보겠지"라는 생각을 심어줄까 하는 두려움이 있었고, 영상을 본 누군가가 오히려 가벼운 마음으로 더욱 쉽게 토끼를 공원에 버릴 수도 있겠다는 생각도 들었다. 하지만 실상은 그보다 더 단순했다. 버려진 토끼들은 누군가의 눈에 띄기도 전에 죽음의 그림자부터 마주하게 된다. 먼저 살아남아야 한다는 풀기 어려운 숙제. 당장 개나 고양이에게 물려 죽는 경우가 다반사다. 집에서 보낸 시간이 길면 길수록, 토끼들은 야생에서 적응하지 못한다. 수년을 함께했다면 가족이나 다름없을 텐데, 하루아침에 온갖 위험이 도사리는 공원에 내다버렸다는 건 죽음으로 등을 떠민 것과 마찬가지다. 공원이 한가롭게 보이는 건 어디까지나 인간의 눈높이다. 연약한 집토끼들에겐 인간의 공원은 야생과 다름없다.

자연을 사랑하는 꿈산은 고양이, 고라니, 너구리 등 공원에 자생하고 있는 모든 동물과 식물을 관찰하며 차별 없이 카메라에 담는다. 하지만 그런 그에게도 토끼는 더욱 특별한 존재다. 먹이사슬의 최하위에 있는 토끼들, 특히 사람에게 온순히 길들여져 가축과 반려동물로 살게끔 교배된 토끼들은 자연에서는 맥을 추리지 못한다. 한때는 누군가에게 사랑받던 존재였을 텐데. 그저 덩치가 커졌다고, 털이 날린다고, 이사를 가야 한다고, 너무도 쉽게 버려진다. 이 연약한 토끼들에게 꿈산은 더욱 마음이 간다고 한다.

"그저 사람들이 다들 행복했으면 좋겠어요. 동물들도요."

인터뷰를 마무리하며 그가 지은 깊은 미소에는 따뜻한 마음이 담겨 있었다.

지난 20년간 공원의 토끼들을 돌보는 이들이 있었기에, 토끼들은 따뜻한 사람의 온기를 느끼며 살 수 있었다. 먹을 게 없는 추운 겨울에는 먹을 것을 주고, 무더운 여름에도 공원의 아이들에게 작은 그늘막이 되어 주었다. 비가 오나 눈이 오나, 이들의 발걸음은 항상 공원으로 향했다. 나는 이들을 '공원의 수호자들'이라 부르고 싶다.

누군가에게는 그저 눈요깃거리에 불과하고 하찮게 여겨졌던 생명이었을지도 모른다. 하지만 그런 존재를 향해 눈높이를 맞추고 몸을 웅크려 돌봐주던 사람들이 있었다. 내겐 그들이야말로 진정한 공원의 수호자다.

모녀

개는 품종과 환경에 따라 차이는 있지만, 기본적으로 사냥 본능을 지니고 있다. 꿈산이 반려견에 대해 경계심을 드러내는 건 실제 그가 유독 아끼면서 지켜보던 토끼가 끔찍하게 살해당했기 때문이다.

토끼의 이름은 '설기'였다. 설기가 꿈산의 눈에 들어와 박혔던 건 항상 '보송이'라는 딸과 함께 다녔기 때문이다. 설기에겐 보송이 외에도 다른 자식들이 있었지만, 태어났던 굴에서 밖으로 나와 살아남은 건 '보송이'뿐이었다. 그래서였을까? 토끼들은 굴에서 나오는 순간 부모에게서 독립해 자신의 구역을 찾아가기 마련이다. 심지어 다 큰 토끼가 다시 부모의 구역으로 들어서면 영역다툼이 일어나기도 한다. 그만큼 예민한 게 토끼지만, 설기와 보송이 모녀는 서로에게 한없이 특별했다. 서로 핥아주고 돌보며 험난한 공원에서의 삶을 헤쳐 나갔다.

그러던 어느 날, 엄마토끼 설기에게 끔찍한 일이 벌어진 거다. 개를 산책시키던 사람의 부주의로 인해 설기가 개에게 물려 죽고 말았다. 하지만 더 끔찍한 건 그 다음이었다. 설기를 물어 죽인 개의 견주는 설기의 사체를 쓰레기통에 아무렇지 않게 던져 넣고 떠났다고 한다. 설기는 그렇게 비참하게 최후를 맞이했고, 보송이는 갑자기 사라진 엄마의 부재를 받아들이질 못했다.

설기가 사라진 공원에 보송이는 홀로 남았다. 아마 평생 생각해 본적 없었을 홀로서기였을 테다. 설기와 함께 뛰놀던 나무 아래에서 보송이는 차가운 바람을 맞으며 오지 않는 엄마를 기다렸다. 하지만, 누구 하나 소식조차 알려주지 않았다. 결국 보송이는 엄마 설기가 사라지고 난 후 얼마 지나지 않아 공원에서 자취를 감췄다.

이제는 그저 어딘가에서 따뜻한 삶을 살아가고 있길 바랄 뿐이다.

토끼 부부

아롱이와 다롱이라는 이름은 꿈산이 지어준 이름이다. 아롱이와 다롱이에게 각별한 애정을 가지고 있던 꿈산은 이들을 공원을 용감히 누비던 부부 토끼로 기억한다.

아롱이와 다롱이를 비롯한 올림픽공원의 토끼들은 꿈산을 비롯한 여러 봉사자들의 손길로 살아가고 있었다. 그들의 도움이 없었더라면, 토끼들은 먹이가 없는 추운 겨울을 나지 못했을 것이다. 겨울철에도 봉사자들은 어김없이 공원에 남은 토끼들에게 먹을 것을 주러 방문했다. 집이 가까우신 분도 있었지만, 먼 곳에서도 아이들을 잊지 않고 꾸준히 밥을 챙기러 오는 분들도 있었다. 아롱이와 다롱이는 오랜만에 공원을 찾은 봉사자를 잊지 않고, 한달음에 달려와 두 앞발을 무릎에 올리며 주변을 맴돌았다.

그러던 어느 날, 봉사자에게서 다급한 연락이 왔다.

"다롱이가 많이 다친 것 같아요. 어떡하죠?"

고양이의 습격으로부터 아롱이를 지키려다 다롱이가 큰 부상을 입었다. 엉덩이 피부가 찢긴 채 상처가 곪은 것을 봉사자가 발견하고 다급히 구조 요청을 보냈다. 영상 속 다롱이는 고통이 심한 듯 엉덩이를 움찔거리며 내내 아파하는 모습을 보였다. 보다 못한 봉사자들이 결국 아롱이와 다롱이를 구조했다.

다행히도 걱정했던 것보다는 다롱이의 상태가 양호했다. 가벼운 찰과상 외에는 큰 외상이 없었다. 반면, 아롱이는 반복된 출산으로 인한 자궁 질환과 유선 종양이 있었고, 피검사 결과도 좋지 않았다. 중성화 수술과 유선 종양 제거 수술이 동시에 진행됐다. 봉사자들은 초조한 마음으로 수술이 끝나길 기다렸다. 다행히 수술은 성공적으로 마무리되었다.

수술과 치료를 마친 아롱이와 다롱이는 우리 집에 임시보호 토끼로 오게 되었다. 두 마리 모두 정말 강한 아이들이었다. 큰 수술을 마친 아롱이는 회복할 때까지 다롱이와 따로 지냈다. 걱정과 달리, 아롱이는 새로운 환경에 빠르게 적응했다. 이마에 짧고 빽빽한 털이 자라 가르마처럼 갈라진 모습이 매력적이었던 아롱이는, 정수리를 손끝으로 살살 쓸어주면 눈을 지그시 감고 이를 갈았다. 손에 먹을 것을 들고 있는 걸 발견하면, 무릎 위로 올라와 애교를 부리며 달라고 조르기도 했다. 공원에서 봤던 것처럼 아롱이는 여전히 활기차고 사랑스러운 토끼였다.

아롱이가 회복하는 동안, 격리된 다롱이는 힘든 시간을 보냈다. 상처 소독을 무척 싫어했던 다롱이를 동현이가 붙잡고 나는 상처를 소독했다. 그때마다 다롱이는 온 힘을 다해 저항했고, 단단했던 몸은 더욱 단단하게 뻣뻣해져 온몸으로 치료를 거부했다. 반복되는 치료가 힘겨웠는지 다롱이는 무른 변을 보기 시작했다. 물처럼 흐르는 변이 엉덩이를 적셨고, 밟은 발바닥은 까매졌다. 매일 케이지에 깔아준 매트를 빨아주었지만, 나중에는 결국 매트를 빼고 변을 쌀 때마다 케이지 바닥을 닦아야 했다. 미끄러운 바닥에 흐른 변을 밟은 다롱이는 발을 털었고, 벽과 케이지 곳곳엔 똥 자국이 묻었다. 방 안에는 냄새가 진동했다. 시간이 갈수록 다롱이의 스트레스는 심해지는 듯했다. 까만 눈 위로 두툼한 눈덩이가 반쯤 덮인 모습은 마치 인상을 찌푸린 것처럼 보였다. 다롱이가 힘들어하는 모습에 마음이 아팠다. 하루에도 몇 번씩 격리된 방에 들어가 다롱이의 상태를 확인했다. 눈을 마주치고 정수리를 쓰다듬을 때면, 다롱이는 큰 눈을 지그시 감고 손길을 즐겼다. 그저 빨리 괜찮아지기만을 바랐다.

긴 치료 끝에 미뤄두었던 중성화 수술이 진행되었고, 회복을 마친 아롱이와도 다시 만날 수 있었다. 다롱이는 오랜만에 맡는 아롱이의 냄새에 반가워하며 연신 핥아주었다. 구조된 지 두 달 만에 두 토끼는 재회하게 되었다. 건강을 되찾은 두 토끼에게 이제 남은 건 사랑해줄 집을 찾는 일이었다.

하지만 아롱이와 다롱이를 함께 입양하겠다는 사람은 없었다. 문의했던 이들 중에는 체험 농장이나 야외 토끼장에서 키우겠다는 사람도 있었다. 공원에서 고된 시간을 견뎌낸 두 토끼를 다시 바깥에서 키우겠다니 그럴 순 없었다. 내가 정중히 거절하자 되려 화를 내는 사람도 있었다.

"생각보다 급하지 않으신가 보네요. 전 도와주려 그런 거예요."

급하다고 해서 아무 데나 보낼 수는 없었다. 시간이 오래 걸리더라도 아늑한 집에서 사랑을 받으며 살 수 있도록 보내고 싶었다. 조급함을 내려놓고 좋은 입양자가 나타날 때까지 두 토끼를 임시 보호하기로 결심했다.

그렇게 아롱이와 다롱이의 문제는 일단락되는 줄 알았지만, 둘의 새끼들이 여전히 공원에 남아있다는 걸 뒤늦게 알게 되었다. 다롱이를 쏙 빼닮은 갈색 토끼 두 마리와 아롱이를 닮아 하얀 양말을 신은 듯한 토끼 한 마리. 손바닥만 한 크기의 작은 토끼까지 모두 세 마리였다. 운 좋게 다롱이를 빼닮은 두 녀석은 고생 끝에 구조가 가능했지만, 아롱이를 닮은 토끼는 끝끝내 찾을 수가 없었다.

녀석의 행방이 마음에 계속 걸렸지만, 다행히 구조된 두 마리의 새끼 토끼가 모두 각각 따뜻한 가정에 입양되어서 조금이나마 시름을 덜 수 있었다.

Chapter 1. 여기까지 오느라 참 고생했어

흙 속의 하얀 털

 중랑구 장미공원에서 한 마리의 하얀 토끼가 발견되었다. 몸에는 하네스로 추정되는 끈이 매여 있었고, 처음엔 누군가 잃어버린 반려토끼일 것으로 추정되었다. 시청에서 사람이 나와 토끼를 포획했다고 들었지만, 얼마 지나지 않아 보호소에 자리가 없다며 다시 방사했다는 소식이 전해졌다. 야생 토끼가 아닌 길들여진 집토끼를 '방사'했다는 말은 쉽게 납득하기 어려웠다. 다행히 토끼의 몸을 조이고 있던 끈은 제거되었다고 했다. 이후 봉사자들과 함께 토끼가 목격된 공원을 수색했으나, 토끼는 어디에도 보이지 않았다.

 마침 동네 주민 한 분이 새벽마다 그 토끼에게 밥을 주러 가고 있다고 제보를 주었다. 구조를 위한 두 번째 방문을 준비하며 하루하루를 기다렸다. 그동안 무사했을 거라 믿으며 불안한 마음을 눌렀다.

그 무렵, 지역 커뮤니티에 토끼 관련 글이 올라왔다. 혼란스러웠다. 여러 장의 사진이 있었지만, 토끼는 보이지 않았다. 난잡하게 나열된 사진 중 한 장에 시선이 걸렸다. 삐죽하게 솟아난 하얀 털. 토끼의 몸은 알아보기 어려울 정도로 훼손된 채 흙과 뒤섞여 있었다. 그 옆에는 진한 갈색 벨트가 놓여 있었다. 토끼는 누군가에게 붙잡혀 벨트로 잔혹하게 다루어진 것으로 보였다.

만약 우리가 조금만 더 일찍 발견했더라면 그 토끼는 살 수 있었을까? 구조를 준비했던 제보자 역시 소식을 듣고 한동안 말을 잇지 못하며 미안함에 눈물을 흘렸다. 토끼를 해친 이가 누구인지, 어떻게 이런 일이 벌어졌는지는 끝내 밝혀지지 않았다. 목격자도 없었다. 아무도 보지 않는 곳에서 생명이 그렇게 가벼이 다뤄질 수 있다는 사실이 참담하다.

장미공원에서 벌어진 이 일은 오랫동안 기억 속에 남을 것이다. 작고 여린 토끼가 느꼈을 공포와 고통을 생각하면, 지금도 가슴이 저릿하다. 부디 이런 비극이 다시는 일어나지 않기를. 그리고 언젠가는 이 일을 저지른 사람이 반드시 그 책임을 지기를 바란다.

토끼들의 섬

그건 하나의 섬이었다. 유독 덩치 좋은 까마귀들이 날아다니는 섬. 분명 모든 게 이어진 도심이었지만, 그곳은 토끼들에게 외부로부터 고립된 섬과 다를 바가 없었다.

제보 받은 곳은 경기도의 한 도시였다. 산기슭을 지나 아파트와 오피스텔 단지가 들어선 동네. 그곳에 토끼들이 살고 있다는 제보를 받았다. 제보자로부터 받은 사진 속엔, 흰 바탕에 갈색 점이 있는 두 마리의 토끼가 매서운 겨울바람에 코끝이 빨개진 채 서로에게 몸을 기대고 있었다. 이후에도 토끼를 목격했다는 증언이 여기저기서 이어졌다. 그곳에는 생각보다 훨씬 많은 토끼들이 살고 있을 것으로 보였다. 제보 중에는 어린 아기 토끼들에 관한 것도 있었다.

최초 제보 장소를 중심으로 천천히 수색을 시작했지만, 토끼들은 쉽게 모습을 드러내지 않았다. 혹시나 하는 마음에 임시 컨테이너 아래를 들여다보고, 움직이지 않은 지 오래된 차 밑도 샅샅이 살폈지만, 그 어디에도 토끼는 없었다. 혹시 하루 만에 누군가 마음씨 좋은 사람이 데려간 걸까? 잠시 희망을 품기도 했다.

이번에는 길을 건너 산 아래의 커다란 공터로 향했다. 약간의 경사가 진 그곳을 천천히 걸으며 살폈고, 얼마 지나지 않아 마침내 토끼를 발견할 수 있었다. 사진 속 토끼와 닮은 모습이었다. 토끼의 시선이 우리가 타고 온 차에 고정되었다. 곧이어 흰 털에 검은 점박이가 있는 또 다른 토끼도 모습을 드러냈다. 두 마리는 서로를 견제하며 흙먼지 날리는 공터를 분주히 뛰어다니고 있었다. 검은 점박이 토끼가 갈색 점박이에게 다가가자 갈색 토끼는 재빨리 그를 쫓아냈다. 예민한 녀석들이 서로에게도 경계를 풀지 않았으니, 사람에게는 오죽할까? 차에서 내려 조심스레 다가갔지만, 토끼들은 좀처럼 경계를 풀지 않았다. 챙겨 온 바나나를 꺼내 토끼들 코앞에 들이댔다. 갈색 점박이 토끼는 머리를 위아래로 흔들며 시선을 고정했고, 아주 천천히 다가왔다. 뒷발에는 여전히 힘이 잔뜩 들어가 있었고, 언제든 도망칠 준비가 된 자세였다. 손에 쥐고 있던 바나나를 발 앞에 놓아주자 마침내 토끼는 맛있는 바나나를 먹기 시작했다. 엉덩이를 살짝살짝 씰룩이며. 그때, 검은 점박이 토끼가 쭈뼛쭈뼛 다가오더니 갈색 토끼가 먹던 바나나를 낚아채 저 멀리 달아났다. 바나나를 빼앗긴 갈색 점박이 토끼는 나를 슬쩍 바라보더니 이내 체념한 듯 고개 떨군 채 다시 멀리 도망쳐 버렸다. 배가 몹시 고팠을 텐데도 사람에 대한 두려움이 먼저였다.

구조는 쉽지 않았다. 아주 약간의 움직임에도 토끼들은 깜짝깜짝 놀라며, 곧장 달아나버렸다. 다가서고, 달아나고. 한참을 그렇게 토끼들과 줄다리기를 했다. 결국 토끼들은 멀리 동산 위로 뛰어올라 시야에서 사라졌다. 몇 차례나 동네를 빙빙 돌며 다시 토끼를 찾았지만 다른 개체는 좀처럼 눈에 띄지 않았다. 그 대신 동네 곳곳에는 토끼의 배설물이 흩어져 있었고, 조경수 사이사이에 토끼들이 파헤쳐 놓은 작은 구덩이들이 군데군데 보였다. 파인 구덩이 속엔 조경수의 뿌리를 뜯어먹은 흔적도 남아 있었다. 게다가 새끼를 낳은 흔적도 있었다. 건물 외벽이 맞닿은 좁은 틈 사이. 그곳의 흙을 파 굴을 만든 흔적이었다. 좁은 틈 사이로 어렵사리 굴을 만든 것도, 그곳에서 새끼를 낳은 것도, 모두 필사적이었으리라.

배설물의 양과 굴의 개수를 보아 적어도 열 마리 이상의 토끼가 이 작은 동네를 배회하고 있었을 것으로 추정됐다. 이 정도로 많은 수의 토끼가 한 지역에 모여 있는 건 드문 일이다. 작은 토끼 가족이 이 동네를 하나의 섬처럼 점령하고 있었던 셈이다.

맨 처음 발견했던 검은 점박이 토끼와 갈색 점박이 토끼는 필시 가족일 터였다. 영역 의식이 강한 토끼들은 독립한 새끼가 가까이 다가오면 물거나 위협해 쫓아내기도 한다. 아롱이도 그랬다. 간신히 구조해 온 자신의 새끼를 보자 냅다 코를 물어버려서 새끼가 "끼이익!" 외마디 비명을 지르며 달아난 적도 있었다. 그러니 초원 위에서 평화롭고 화목하게 살아가는 토끼 가족 같은 건 그저 동화 속 이야기일 뿐이다. 현실에는 엄연한 서열과 영역이 존재하며, 조금이라도 선을 넘으면 피바람이 불게 된다.

어미에게서 독립한 새끼 토끼들은 갈 곳이 마땅치 않다. 먹을 것이 풍부하거나, 사람이 오가면서 간식이라도 던져주는 구역은 이미 어른 토끼들의 차지다. 새끼들뿐 아니라 서열 싸움에서 밀려난 토끼들 역시 구역 밖으로 밀려난다. 그렇게 점점 변두리로 내몰리다 보면, 결국 대로변을 건너는 위험까지 감수하게 된다. 그런 그들을 맞이하는 건 보금자리가 아닌 로드킬이다. 살기 위해 길을 건너다 수많은 토끼들이 차량에 치여 끔찍한 죽음을 맞이한다.

그리고 그건 이곳이라고 예외가 아니었다. 로드킬을 당한 토끼들이 도로 위에 널브러져 있었다. 동네에 유독 크고 시커먼 까마귀가 많은 데에는 다 이유가 있었다. 까마귀들이 토끼들 사체를 쪼아 먹고 있었다. 버려진 토끼들에게 도심은 도로를 경계로 격리된 섬과 다를 바가 없다.

이튿날, 봉사자와 함께 다시 그곳을 방문했을 때는 더 많은 토끼들을 만날 수 있었다. 어른 토끼 세 마리에, 이제 막 독립한 듯한 어린 토끼 두 마리가 눈에 띄었다. 이번엔 토끼들을 놓치는 실수를 반복하지 않기 위해 한 번에, 단 한 마리씩 조심스럽게 구조하기로 했다.

손에 바나나를 들고, 조각조각 떼어 멀찍이 던져주었다. 토끼는 코를 쿵쿵대며 바나나를 주워 먹고 이내 나를 바라보았다. 반응이 나쁘지 않았다. 이번에는 좀 더 가까운 거리에 바나나를 던져주었다. 조금씩, 조금씩, 가까워졌다. 이제 낚아챌 만큼 가까워졌다고 생각되어 바나나를 손에 든 채 직접 주었다. 그러자 손가락을 물 듯 낚아채며 받아먹었다. 토끼는 마지막까지 경계심을 풀지 않았다. 다시 한 번 더, 반대쪽 손을 뻗어 머리를 쓰다듬으려 했지만, 이내 휙 돌아서 도망갔다. 그럼에도 바나나의 달콤함은 포기하지 못했는지 다시 쭈뼛쭈뼛 다가왔다. 다시 손으로 건넨 바나나는 잘 받아먹었다.

그렇게 오랜 시간이 걸렸다. 토끼는 아주 천천히 긴장을 풀어갔다. 결국 내 손이 토끼 머리에 닿았고, 마침내 등을 움켜쥘 수 있었다. 세상 무엇도 허기를 이기기는 힘든 법이다. 잔뜩 굶주려 바나나에 정신이 팔린 탓에 가능한 일이었다. 놀란 토끼가 거세게 발버둥을 쳐 겨우겨우 이동장에 집어넣을 수 있었다. 구조된 토끼는 이동장 문에 머리를 한 번 박고나서는 곧 조용해졌다. 그날의 첫 구조였다.

토끼의 얼굴은 흙에 얼룩져 지저분했지만, 반짝이는 두 눈이 매력적인 예쁜 토끼였다. 우리는 토끼를 차에 싣고 다음 토끼를 찾아 나섰다. 이번에 구조할 아이들은 아파트 단지 안에 있는 토끼들이었다. 언덕 위 계단을 올라서니 토끼들에게 주려고 둔 듯한 배추 조각들과 각종 야채 잔해들이 보였다. 군데군데 토끼를 아는 분이 뿌린 듯한 건초도 눈에 띄었다. 그 주변에, 풀을 뜯고 있는 토끼들이 있었다. 잔디조차 추운 날씨에 노랗게 시들어 있는 들판이었다. 그런 곳에서 도대체 무엇을 먹고 있는 걸까 싶었는데, 자세히 보니 토끼들은 용케 땅 아래 풀뿌리를 찾아서 뜯어 먹고 있었다.

그렇게 발견은 빨리 한 편이었지만, 구조 활동은 지연되었다. 생각보다 훨씬 더 힘들었다. 우리를 발견한 토끼들이 도로 바로 옆 인도로 도망갔던 것이다. 작은 나무 덤불에 숨어 몸을 잔뜩 웅크린 채 도망갈 타이밍만 살폈다.

"우리 나쁜 사람 아니야. 따뜻한 집에서 맛있는 거 먹으며 살자."

그렇게 말해봤자 토끼들이 전혀 알아들을 리 없었지만, 그런 말이라도 해야 했다. 그렇게 다가서고, 달아나고, 다시 뛰어서 찾고, 다가서고, 달아나고를 반복했다. 지칠 때로 지쳤을 때쯤, 결국 토끼들 중 일부를 구조할 수 있었다. 큰 토끼 한 마리와 새끼 토끼 한 마리였다. 이미 우리는 땀에 흠뻑 젖어 있었다. 그렇지만, 힘들다고 해서 손만 뻗으면 닿을 거리의 토끼들을 포기할 수도 없었다.

이리저리 토끼를 따라 뛰어다니던 중 아파트 창문에서 누군가 소리쳤다.

데려가지 마세요

"지금 뭐 하시는 거예요?"
"토끼들 새 집 찾아주려고 잡고 있어요."
"아니, 뭐냐고요. 토끼를 왜 잡아가세요? 여기 사는 토끼니까 잡아가지 마세요!"

아파트 고층에서 단숨에 뛰어내려온 아주머니는 우리가 동물단체에서 온 것이냐고 물었다.

"저희는 단체가 아닌 개인이고요, 아이들 구조해서 새 집 찾아주려고 하는 거예요."
"아뇨, 잡지 마세요. 데려가지 마세요. 저희가 밥 주고 챙겨주고 있어요. 여기 애들도 좋아하고요, 어르신들도 좋아해요."

아무리 토끼들을 구조해 좋은 집을 찾아주려는 거라고 설명해도 아주머니는 전혀 들으려 하지 않았다.

"키운다고 하셨는데, 여기에 애들이 몇 마리나 있는지 아세요? 애들 이름은 아세요?"

동현이 반문하자 아주머니는 대답하지 못했다. 계속해서 실랑이가 이어졌다. 아주머니는 우리가 구조한 토끼를 보더니 강제로 이동장 문을 열어 풀어주려 하였다. 내가 몸으로 막으며 이러지 마시라고 소리 질렀다.

"아이들이 불쌍하지도 않으세요? 저희 갈 테니깐 이 아이만 더 데려가게 해주세요."

아파트 실외기 밑 구석에 숨어 있던 새끼토끼를 가리키며 애원했다. 아주머니는 아랑곳하지 않고 내가 손에 쥐고 펼쳐두었던 그물을 잡아 내려버렸다. 그 틈을 타 새끼 토끼는 달아났다. 아파트 주민들이 하나 둘 나와 토끼를 데려가지 말라며 우리를 몰아세우기 시작했다.

"토끼가 귀엽다면 제발 데려가서 키우시면 안 되나요? 토끼들은 밖에서 살 수 없어요."

최선을 다해 주민들을 설득했지만, 이해하지 못했다. 주민들은 먹을 것을 받아먹는 토끼들을 보며 즐거움을 충족하지만, 정작 토끼 한 마리, 한 마리의 삶에는 관심을 가지지 않았다. 그저 토끼들이 건강할 것이라고, 그 어떤 토끼들보다 자유롭고 행복하다고 믿고 있었다. 하지만 가까이서 본 토끼들의 현실은 정말 비참하고, 애처롭고, 처절하다. 마지막 순간 눈을 감을 때까지 토끼들은 생존을 위해서 고군분투한다.

결국 반복되는 말싸움과 주민들의 아우성에 일단 철수하기로 하였다. 떠나는 길에 아이들을 주려고 챙겨온 사료를 똥이 모여 있는 곳곳에 뿌려주었다. 영역 동물인 토끼는 볼일도 아무데서나 보지 않는다. 정한 장소에만 배변을 하는 토끼의 습성을 따라 토끼들의 화장실로 보이는 곳에 사료를 왕창 뿌려두었다. 내가 사료를 뿌리는 동안에 주민이 또 동현에게 다가가 빨리 돌아가지 않고 뭐하냐며 추궁했다. 동현은 아이들이 먹을 사료를 뿌려주고 가겠다고 하였다. 그제야 아주머니는 마지못해 "좋은 일 하시네요"라며 우리가 떠나면 자신도 돌아가겠다고 하였다. 마치 우리가 토끼 도둑이라도 된 것처럼. 아주머니는 우리의 차가 시야에서 사라질 때까지 자리를 지켰다. 토끼를 쫓다 미끄러운 흙바닥에 넘어지고 뒹굴어 엉덩이가 아팠지만, 끝내 구조하지 못하고 두고 와야만 했던 토끼들 생각에 가슴이 아팠다.

나중에 알고 보니 토끼들은 시청과 아파트 모두에게 큰 골칫거리였다고 한다. 온갖 곳에 땅을 파고 시설물을 파괴한 탓에 토끼들을 처분하는 방법을 모색하고 비용 문제를 논의하고 있다고 하였다. 사설 동물단체에 문의를 하니 마리당 포획 비용을 지불해야 한다는 말에 비용을 해결하지 못해 골머리를 앓고 있었다고 한다. 참으로 황당했다. 관리실도, 구청도, 모두 토끼들의 존재를 달가워하지 않고 있었다.

증발

 우리가 다녀간 이후, 동네는 한동안 조용했던 것 같다. 토끼들의 소식을 알려주겠다던 동네 주민은 그날 이후 토끼들이 보이지 않았다고 했다. 손바닥만 한 작은 몸을 가진 솜 덩어리 아기 토끼들조차 온데간데없이 사라졌다. 날쌘 토끼들을 맨손으로는 도저히 잡을 수 없어 다시 그곳을 찾았을 때에는 이미 늦은 저녁이었다. 우리는 토끼들이 자주 출몰하던 이곳저곳에 포획용 덫을 설치했다. 길고양이 TNR에 활용되는 덫을 구청 직원에게 빌려왔다.

 쌀쌀한 밤공기에 손을 호호 불며 토끼들의 흔적을 따라 동네를 돌았다. 그 많던 토끼들이 모두 어디에 숨기라도 한 걸까. 한 마리도 보이지 않았다. 우리는 토끼들이 자주 목격되었던 장소에 덫을 놓고, 토끼들이 좋아하는 바나나와 사료를 잔뚝 뿌려두었다.

이튿날 이른 아침, 다시 그곳으로 발걸음을 옮겼다. 이날은 나와 동현, 그리고 다른 봉사자들도 함께였다. 제일 먼저 덫을 확인했지만, 안은 텅 비어 있었다. 먹이를 건드린 흔적도 없었다. 덫 안에 둔 바나나는 찬 공기에 꽁꽁 얼어 있었다. 동네를 여러 차례 돌며 꼼꼼히 살폈지만, 두 시간이 지나도록 토끼는 단 한 마리도 보이지 않았다. 토끼들을 찾고 있던 우리에게, 지나가던 동네 주민 몇몇이 말했다.

"시청에서 와서 싹 잡아갔어요."

아무리 생각해도 이상했다. 재작년부터 토끼들이 목격되었고, 아파트 관리실에서도 지속적으로 포획 요청 민원을 넣어왔다고 들었다. 게다가 마리당 몇 만 원씩 비용을 요구하는 사설 업체와 포획 예산을 논의 중이라 하지 않았던가? 그런데 우리가 다녀간 지 일주일도 채 지나지 않아 시청에서 토끼들을 전부 잡아갔다는 말은 앞뒤가 맞지 않았다.

"토끼들을 잡아가는 모습을 직접 보셨나요?"

물으니 모두들 직접 본 건 아니라며 얼버무렸다. 쉴 새 없이 전화를 돌렸지만, 휴일이라 통화 연결이 쉽지 않았다. 주말에도 쉬지 않는 근처 보호소에 문의해 보았지만, 입소된 토끼는 없다는 답변만 돌아왔다. 알아볼수록 이상했다.

그 사이, 동네 주민들의 아우성이 또다시 시작됐다. 이들은 여전히 토끼들에게 '새로운 집'을 찾아줘야 한다는 우리의 의도를 전혀 이해하지 못했다. 언성이 점점 높아졌고, 우리는 철수하기로 했다. 이미 일주일 동안 토끼 수색과 임시 거처 마련, 입양처 확보 등에 집중하느라 몸과 마음이 모두 지쳐 있었다. 무려 네 시간을 들여 산기슭, 아파트 단지 안팎, 오피스텔 부근, 그리고 멀리 떨어진 공터까지 샅샅이 수색했지만, 더 이상 이곳에는 토끼들이 살고 있지 않다는 결론에 이를 수밖에 없었다. 언제 남긴 것인지 알 수 없는 허옇게 곰팡이가 슨 동그란 토끼 똥만 흙바닥에 덩그러니 남아 있었다.

구하지 못한 토끼들이 눈앞에 아른거렸다. 정말 철수하지 말았어야 했다는 생각에 괴로움이 몰려왔다. 조금만 더 무리했다면, 마지막 아이까지 구조할 수 있었을지도 모른다. 평일이 되어 시청에 전화를 걸어 확인해보니, 아니나 다를까 시청에서는 토끼를 데려간 사실이 없다고 했다.

그렇다면, 왜 동네 주민들은 하나같이 "시청에서 와서 데려갔다"고 말했던 걸까? 어째서 확실하지도 않은 이야기를 마치 본 것처럼 전하며, 우리에게 먼저 알려주고 갔던 걸까?

이후에도 토끼 구조를 도우려는 몇몇 마음 따뜻한 주민들에게 "혹시 토끼가 다시 보이면 꼭 연락 달라"고 부탁했지만, 그날 이후 토끼들은 감쪽같이 사라졌다. 어쩐지 토끼들에게 나쁜 일이 생긴 것만 같다는 생각이 머릿속을 떠나지 않았다. 단서 하나라도 찾을 수 있다면 무슨 일이 있었는지 밝혀낼 수 있을 텐데, 주민들의 협조는 얻기 어려웠다. 허무하게도 경기도의 한 섬에서의 구조 활동은 그렇게 막을 내렸다.

그 많던 토끼들은 모두 어디로 사라진 걸까? 이후에도 나와 동현은 혹시나 하는 마음으로 매주 그 장소를 찾아갔다.

하지만 마치 하늘로 증발해버리기라도 한 듯, 지금까지도 토끼들의 행방은 묘연하다.

지켜진 약속

 구조한 토끼들은 입양처와 임시보호처로 무사히 옮겨졌다. 그중에서도 작은 아기 토끼는 바로 입양을 갈 수 있었다. 어머니, 아버지, 딸 셋으로 구성된 가족은 새로운 가족을 맞이하기 위해 먼 길을 한달음에 달려왔다. 새끼 토끼의 새 이름은 '모모'. 모모는 새 가족의 따뜻한 사랑과 관심을 듬뿍 받으며 공주님처럼 자라길. 새로운 가족 앞이라 모모는 처음에 긴장한 모습이었다. 하지만, 곧 마치 처음부터 그 집에서 살아온 토끼처럼 두 다리를 쭉 뻗고 눈을 지그시 감기까지 했다. 그런 모습을 보니 마음이 완전히 놓였다.

 남은 두 마리의 토끼는 잠시 우리 집에서 머문 뒤 임시보호처로 이동했다. 갈색 점무늬의 토끼는 구조된 이후로 매우 얌전했다. 사람을 경계하긴 했지만, 구조 직후의 모습에 비하면

한결 편안해 보였다. 바나나를 주자 엉덩이를 신나게 움찔대며 숨도 쉬지 않고 우걱우걱 먹었다. 손으로 머리를 슥슥 쓰다듬자, 눈을 지그시 감으며 이를 도도도 갈았다. 영락없는 집토끼였다. 구조 당시 이동장 문에 머리를 들이받던 아이가 맞나 싶을 정도였다.

반면, 검은 점무늬의 토끼는 사람에 대한 경계심이 극심했다. 혼자서 조용히 쉬고 있다가도 사람의 그림자가 시야에 들어오면, 흰자까지 드러나게 눈을 크게 뜨며 공포에 질린 표정을 지었다. 사람의 손길도, 가까이 다가오는 것도, 모두 처음이었을 테니 그 공포가 이해됐다. 만지려 할 때마다 고개를 세차게 돌리고, 몸을 잔뜩 움츠려 쪼그라드는 모습을 보면 차마 교감을 시도할 수 없었다. 오히려 당분간은 홀로 두는 것이 더 나아 보였다.

그렇게 두 토끼는 우리 집에서 이틀을 지낸 뒤, 장기 임시보호처로 이동했다. 임시보호자는 이미 토끼 한 마리를 키우고 있었다. 우리는 두 아이를 맡기고 무거운 마음으로 발걸음을 돌렸다. 어쩐지 짐을 떠넘기는 것만 같은 죄책감이 들었다.

두 토끼가 임시보호처로 간 지 며칠 뒤, 늦은 밤 임시보호자에게서 연락이 왔다. 수화기 너머로 들려오는 목소리는 울먹이고 있었다.

"아이들이 너무 심하게 싸워서 밤에 잠을 못 자겠어요…"

원래 키우던 토끼와 임시보호 토끼들이 각자의 공간을 탈출해 밤새 싸우는 바람에 제대로 잠을 잘 수 없을 지경이라는 것이었다. 긴 통화 끝에, 입양 예정이 되어 있던 갈색 점무늬 토끼를 먼저 데려오기로 했다. 2주 만에 다시 만난 그 토끼는 어쩐지 몸이 부어 보였다. 처음엔 임시보호처에서 밥을 아주 잘 먹였나 보다하고 생각했지만, 곧 이상함을 감지했다. 배가 불러도 너무 불러 있었다. 아무리 잘 먹었다 해도 배가 홀쭉했던 토끼가 짧은 시간 만에 이렇게 살이 찐다는 건 이상했다. 집에 도착하자마자 조심스레 배를 눌렀다. 손끝에 동그랗고 단단한 무언가가 느껴졌다. 다시 한 번 손끝에 집중했다. 땅콩처럼 생긴 무언가가 빙글 돌았다. 아뿔싸, 임신이구나.

예전에 중랑구에서 구조했던 임신한 토끼 까꿍이의 배를 만졌을 때와 똑같은 촉감이었다. 거칠어진 호흡, 넓게 벌어진 콧구멍, 뜨거운 숨결, 잔뜩 부른 배, 어딘가 불편해 보이는 몸짓. 그건 분명 임신한 토끼의 모습이었다. 2주 전 병원에서 엑스레이를 찍었을 때는 아무것도 보이지 않았지만, 그새 새끼들은 손끝으로 만져질 만큼 자라 있었다. 바로 다음날, 동물병원에 검진 예약을 하고 방문했다. 엑스레이를 살펴본 수의사의 표정이 아리송했다.

한참을 뜸들이던 수의사는 깊은 한숨과 함께 말했다.

"임신이네요. 이 정도면 이번 주나 다음 주 중엔 출산할 거예요."

화면에는 작지만 또렷한 척추와 동그란 두개골이 떠 있었다. 임신이 확실하다는 말에 불안이 걷잡을 수 없이 번졌다. 이 아이들에겐 새 생명을 낳는 일이 너무도 자연스럽고 당연했으니까. 난 서둘러 임시보호처에 연락했다. 남아 있던 검은 점무늬 토끼도 당장 검진을 받아야 했다. 아니나 다를까, 검은 점무늬 역시 임신 중이었다. 둘 모두 구조 당시에 이미 임신을 한 상태였던 것이다.

다음 순간, 까꿍이 때의 악몽이 떠올라 몸이 굳어버리고 말

앉다. 까꿍이를 살리고자 잘라냈던 자궁. 그리고 그 안에서 아직 몸을 움직이던 새끼들. 그 강렬한 이미지는 단 한순간도 나를 떠난 적이 없었다. 분명, 돌아온 차안에서 동현과 나는 그때와 같은 상황이 온다면 결코 같은 선택을 하지 않겠다고 굳게 다짐하지 않았던가? 그래서 조금도 망설이지 않았다. 우리는 찰나의 머뭇거림도 없이 모든 토끼들을 책임지고 입양 보내기로 결심했다.

갈색 점무늬 토끼의 이름은 '사랑이', 검은 점무늬 토끼의 이름은 '공주'였다. 사랑이는 입양자의 정성스러운 보살핌 아래 건강한 네 마리의 새끼를 출산했다. 그리고 사랑이의 출산 10일 뒤, 임시보호처에서 우리 집으로 돌아온 공주 역시 일곱 마리의 건강한 토끼를 세상에 품었다. 그렇게 총 열한 마리의 생명이 새롭게 태어났다. 각기 다른 어미에게서 태어났지만, 새끼들의 모습은 참 닮아 있었다. 사랑이를 닮은, 하얀 바탕에 갈색 점박이가 섞인 '쿠앤크 토끼'부터 부드러운 갈색빛의 더치 토끼, 눈가에 까만 마스카라가 인 듯한 새하얀 털의 토끼까지. 모두가 사랑스러웠다.

갓 태어난 새끼들은 정말 작았다. 아직 솜털이 나지 않아

새빨간 피부에 눈, 코, 입이 겨우 분간될 정도였다. 작은 검지 손가락보다도 더 가는 몸, 손바닥에 쏙 들어올 머리. 아직은 토끼라고도 보기 어려운 모습이었다. 우리 집에서 새끼를 낳은 공주는 약간의 출혈이 있었지만 전반적으로 건강했다. 하지만 기대와 달리 공주가 새끼들을 핥아주거나 돌보는 모습은 쉽게 볼 수 없었다. 토끼는 하루 중 아주 짧은 시간만 새끼를 돌보며, 젖도 오래 물리지 않는다. 생존을 위한 본능적인 습성이다. 나는 꼬물꼬물 움직이는 새끼들의 모습을 한참 바라보았다. 너무 사랑스러워 계속 눈길이 갔지만, 혹시나 사람이 오래 지켜봐 스트레스를 받을까 싶어 아이들 위에 덮여 있던 솜을 조심스레 다시 덮어주었다.

공주의 새끼들은 놀랄 만큼 빠르게 성장했다. 유독 모든 게 빨랐다. 10일 만에 어미 곁에 꼭 붙어 앉아 알팔파 잎을 조금씩 씹기 시작했고, 2주가 채 되기도 전에 눈을 떴다. 공주와 사랑이의 새끼들이 새로운 집으로 갈 수 있도록 많은 사람들이 힘을 보태주었다. 주변의 토끼 집사들이 두 팔을 걷어붙이고 이곳저곳에 사진을 공유해주었고, 토끼 집사 유튜브 채널 〈꽃돌이는 배고파〉에도 엄마 토끼들의 이야기가 소개되었다. 공주와 새끼들의 특징을 귀엽게 그려준 일러스트 작가 '둥이

집사'를 비롯해 이곳에 다 적을 수 없을 만큼 많은 분들의 손길이 더해졌다.

그 따뜻한 도움 덕분에, 공주와 사랑이의 새끼들은 태어난 지 한 달 만에 모두 입양처가 정해질 수 있었다.

예비 집사들이 입양을 결심하게 된 계기는 모두 달랐다. 이전에 키우던 토끼와 이름이 같아서 마음이 쓰였다는 사람도 있었고, 먼저 떠난 토끼와 생김새가 너무 닮아 놀랐다는 이도 있었다. 누군가는 첫 반려동물로 토끼를 키워보고 싶다며 용기를 냈다. 이유는 제각각 달랐지만, 토끼를 향한 마음만큼은 모두 진심이었다.

입양 전까지는 새끼들이 젖을 떼야 했기에, 그 기간 동안 영상과 사진을 자주 보내주었다. 예비 집사들은 귀여운 새끼 토끼들의 모습을 보고 또 보며, 직접 만날 날을 설렘과 기쁨으로 기다렸다. 그런 모습들을 보며 우리도 마음이 따뜻해졌다. 누군가는 토끼 책을 사서 정독했고, 누군가는 커뮤니티에 가입해 처음 토끼를 입양할 때 필요한 물품과 주의할 점에 대해 열심히 물어보았다. 공주와 사랑이의 아가들이 새 집에 가서 정말 행복하게 살 수 있을 거라는 확신이 들었다.

까꿍이가 우리에게 왔을 때 내렸던 그 선택이 그땐 옳다고 믿었다. 뱃속에 있을지도 모를 새끼들까지 생각하기엔, 까꿍이의 안전과 회복이 우선이라고 생각했다. 살아 있을지도 모를 생명을 떠올리는 대신 지금 살아 있는 까꿍이를 지키는 것이 맞다고 스스로를 설득했다. 우리가 내린 결정을 정당화할 이유를 애써 찾았었다.

공주와 사랑이의 새끼들이 모두 입양 확정된 뒤, 동현이 조용히 말했다.

"그때 까꿍이 새끼들도… 다 입양 보낼 수 있었을 텐데."

공주와 사랑이의 아이들을 통해, 우리는 우리의 결정이 옳았음을 확인할 수 있었다. 새로 태어난 열한 마리의 생명은 각자의 새 집으로 떠났고, 그 가정에 무엇과도 바꿀 수 없는 기쁨이 되어줄 것이다. 사랑이와 공주 또한 험난했던 길거리 생활을 마무리하고 따뜻한 집에서 집토끼답게 살아갈 수 있게 되었다.

처음엔 불가능하게만 느껴졌지만, 수많은 사람들의 도움과 간절한 바람이 모여 모든 아이들이 집을 찾아갈 수 있었다. 그리고 우리는 그 모든 과정을 함께 지켜보며, 끝까지 책임지는 일의 무게와 가치를 다시금 배울 수 있었다.

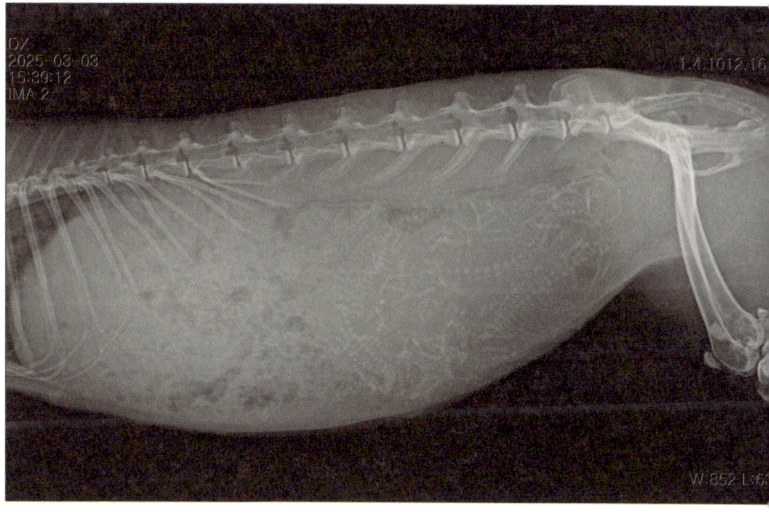

Chapter 1. 여기까지 오느라 참 고생했어

미국 마이애미 피셔 섬의 마리나

　유기 토끼 문제는 비단 한국에만 국한된 이야기가 아니다. 미국 마이애미의 피셔 섬$_{Fisher\ Island}$에도 한때 수백 마리의 토끼들이 살고 있었다. 때는 2010년으로 거슬러 올라간다. 섬을 찾은 한 커플이 두고 간 한 쌍의 토끼가 시작이었다. 두 마리는 열 마리가 되었고, 열 마리는 곧 스무 마리가 되었다. 덩치 큰 토끼부터 아주 작은 아기 토끼까지 다양한 생김새와 나이대의 토끼들이 섬 곳곳에서 우후죽순 늘어나기 시작했다. 눈덩이처럼 불어난 토끼들은 처음엔 섬에 활력을 불어넣는 존재처럼 보였다. 길거리 여기저기를 폴짝폴짝 뛰며 풀을 뜯는 모습은 무척이나 사랑스러웠다.

　하지만 문제는 먹을 것이 부족해진 토끼들이 섬의 조경을 파괴하면서부터 시작됐다. 땅을 파서 나무뿌리를 갉아먹고 땅굴을 파헤치자 섬의 생태 구조가 흔들리기 시작한 것이다. 섬의 관리자들은 점점 늘어나는 토끼들에 골머리를 앓기 시작했고, 결국 수백 마리의 토끼가 작은 피셔 섬을 뒤덮게 되었다. 토끼는 한 번에 적게는 세 마리, 많게는 열두 마리까지 낳는다. 이 무시무시한 번식 속도를 막기 위해선 누군가의 손길이 필요했다.

그 첫 번째 손길이 바로 '마리나$_{Marina}$'였다.

피셔 섬에 이주한 지 26년째인 마리나는 평범한 시민이었다. 처음엔 점점 늘어나는 토끼들을 보며 그저 귀엽다고 생각했다. 그러던 어느 날, 섬의 야생동물 보호사무소에서 일하던 사람에게 입양을 권유받았다. 토끼를 식용으로 사육하는 농장에서 구조된 토끼였다. 마리나의 눈에는 지나온 아픔의 흔적들보다는 곱고 새하얀 털이 먼저 들어왔다. 사랑스러운 토끼의 이름은 '퍼프$_{Puff}$'였다.

마리나가 처음 퍼프를 데려왔을 때, 그녀는 토끼에 대해 아는 것이 거의 없었다. 하지만 퍼프는 많이 아픈 아이였다. 눈에는 녹내장이 진행 중이었고 시력을 점점 잃어가고 있었다. 몸 곳곳에는 피부 궤양이 번지고 있었다. 하지만 마리나는 퍼프를 포기할 생각이 없었다. 그녀는 퍼프를 데리고 매일같이 동물병원을 찾으며 치료를 이어갔다. 회복의 기미가 보이지 않아도 다시 일어서길 간절히 바라면서.

그렇게 지극정성으로 돌보았지만, 퍼프의 상태는 날이 갈수록 악화되었다. 그러던 어느 날, 퍼프가 네 살이 되었을 무렵이었다. 퍼프의 고개가 점점 돌아가기 시작했다. 사경斜頸이 찾아온 것이다. 마리나는 절망했다. 녹내장과 피부궤양에 이어 사경까지. 이 모든 고통을 감당하기엔 퍼프는 너무나 작고 여렸다. 수평 감각을 잃은 퍼프는 방향을 잡지 못한 채 데굴데굴 굴러다녔다. 마리나는 그런 퍼프를 붙잡지도, 놓아주지도 못한 채 눈물을 흘렸다. 사경을 치료해보려 여러 약을 써보고, 병원도 네 번이나 바꿔가며 수의사들의 소견을 들었다.

그러던 중 한 병원에서 퍼프의 귀 수술을 제안 받았다. 예민한 퍼프가 수술을 견딜 수 있을지 걱정됐지만, 마리나는 조금이라도 더 오래 함께하고 싶은 마음에 수술을 결심했다.

그러나 간절한 바람과는 달리 수술 경과는 좋지 않았다. 안타깝게도 수술 도중 의료 사고가 발생했고, 신경이 손상되었다. 왼쪽 턱이 마비되면서 퍼프는 더 이상 스스로 음식을 씹을 수 없었다. 밥을 제대로 먹지 못하게 된 퍼프의 상태는 급속도로 나빠졌다. 손상된 신경은 몸 전체에 영향을 미쳤고, 퍼프는 걷지도 못한 채 바닥을 기어 다녀야 했다. 마리나는 엉망이 된 몸으로 괴로워하는 퍼프를 그저 바라볼 수밖에 없었다. 이제 해줄 수 있는 수술도, 치료도, 남아 있지 않았다. 마리나는 또 한 번 가장 어려운 결정을 내려야 했다. 그렇게 지극히 사랑받던 퍼프는 마리나의 곁을 떠났다.

퍼프와의 가슴 아픈 이별 후, 얼마 지나지 않아 마리나는 충격적인 소식을 접하게 되었다. 섬을 관리하는 사람들이 피셔 섬의 토끼들을 전부 총으로 쏴 없애버릴 계획이라는 이야기가 돌기 시작한 것이다. 토끼들의 수는 이미 폭발적으로 늘어난 상태였고, 굶주린 토끼들은 광기에 휩싸여 있었다. 땅을 파서 나무뿌리를 뜯어먹는 건 일상다반사고, 섬 곳곳에 배설물을 남겨 애써 가꾼 조경이 엉망이 되고 있었다. 관리자들은 이 문제를 해결하기 위해 가장 쉬운 답을 택한 것이다.

그렇지만, 관리자들의 총이 아니더라도 이미 눈덩이처럼 불어난 토끼들은 수없이 죽어 나가고 있었다. 먹거리를 찾아 도로를 건너다 로드킬을 당하거나, 뱀과 맹금류에게 당하기도 했다. 여기에 이제는 관리자들의 총질까지 더해질 참이었다. 하지만 이런 참혹한 현실에도 누구 하나 이 연약한 존재들에게 도움의 손길을 내밀지는 않았다. 살아있는 생명을 인간이 나서서 인위적으로 '제거'하는 게 옳은 것인가? 그것도 먼발치에서 지켜보는 것으로 괜찮은가? 결국 보다 못한 한 시민이 섬 외부에 도움을 요청했다. 적어도 인간의 총에 맞아 죽게 내버려둘 수는 없었다. 피셔 섬의 열악한 상황을 전해들은 몇몇 구조자들이 섬으로 향했고, 마리나 또한 그들과 함께 토끼 구조에 나섰다. 한 달여에 걸쳐, 총 79마리의 토끼가 구조되어 섬 밖으로 나갈 수 있었다.

하지만 그 숫자로는 역부족이었다. 섬에는 여전히 구조되지 못한 수백 마리의 토끼들이 남아 있었고, 섬 전체에 퍼져 있는 개체 수조차 정확히 파악하기 어려운 상황이었다. 이런 현실 앞에서 마리나는 자신이 할 수 있는 일이 무엇일지 깊이 고민했다.

'그치만 난 토끼를 잡는 법을 모르는데…'

망설이던 그때, 마리나의 머릿속에 '치타'라는 토끼가 떠올랐다. 치타는 구조된 79마리 중 유일하게 마리나가 맨손으로 직접 포획한 토끼였다. 한쪽 눈이 심하게 손상된 채 발견되었던 치타는 결국 적출 수술을 받아야 했지만, 끝까지 치타를 사랑해줄 좋은 가정에 입양되었다.

'어쩌면… 치타를 구조했던 것처럼 나도 할 수 있지 않을까?'

퍼프가 떠올랐다. 그 작은 몸으로 고통을 견뎌내다 떠났던 퍼프. 퍼프처럼 아픈 토끼들이 길 위에서 고통 받는 모습을 마리나는 더 이상 지켜볼 수 없었다. 그날, 마리나는 다짐했다. 섬의 모든 토끼가 구조될 때까지, 구조를 멈추지 않겠다.
그렇게 마리나의 고독한 싸움이 시작되었다.

섬의 주민들은 마리나를 손가락질했다. "토끼에 미쳤다"며 배척했고, 따가운 시선을 숨기지 않았다. 그러나 마리나는 아랑곳하지 않았다. 누군가는 해야 하는 일이라고 믿었기 때문이다. 마리나는 인스타그램 계정을 만들어 피셔 섬의 토끼들이 처한 참혹한 현실을 알리기 시작했다. 구조 현장의 모습, 구조된 토끼들의 일상, 그리고 안타깝게 숨을 거둔 토끼들의 마지막까지. 마리나는 모든 것을 기록하고 공유했다. 처음엔 아무도 관심을 가지지 않았다. 지인들은 그녀의 남편에게 불만을 표했고, 어떤 이들은 "정신이 이상해진 것 같다"고도 했다. 하지만 그래도 마리나는 멈추지 않았다. 꾸준히 기록하고 알리는 일을 계속했다. 그 결과, 섬의 토끼들에 대한 관심은 점차 커지기 시작했다. 섬 안의 주민들은 여전히 무관심했지만, 섬 밖의 사람들은 달랐다. 피셔 섬 토끼들의 안타까운 이야기는 국경을 넘어 먼 나라들까지 퍼져 나가기 시작했다.

마리나가 일으킨 작은 파장은 실로 거대했다. 소식을 들은 수많은 사람들이 마리나를 도와 토끼 구조에 동참하기 시작했다. 오며 가며 도움을 주는 사람들은 있었지만, 매일같이 현장을 뛰며 꾸준히 구조에 나선 사람은 오직 마리나뿐이었다. 아픈 토끼들을 구조하고, 치료하고, 입양처까지 연결하는 모든 과정이 마리나의 몫이었다.

구조 활동은 고된 일의 연속이었다. 날쌘 토끼들은 구조에 오랜 시간이 걸렸다. 길게는 몇 달, 짧게는 몇 주가 걸렸다. 맨손으로 쉽게 잡을 수 있는 아기 토끼를 제외하면 성체 토끼들은 사람을 두려워해 접근조차 어려웠다. 토끼를 구조하는 것만으로도 벅찼지만, 가끔 마주치는 섬 주민들과의 마찰은 또 다른 문제였다. 누군가는 손가락질했고, 누군가는 "토끼를 왜 잡아가냐"며 따져 물었다. 그들은 "섬을 뛰노는 토끼가 귀엽다"며, 마리나가 토끼를 훔쳐 간다고 분노하기도 했다. 그럴 때마다 마리나는 차분히 설명했다.

"이 아이들은 집토끼입니다. 야생에서 스스로 살아갈 수 없어요."

물론, 그 말에 귀를 기울이는 사람은 좀처럼 없었다. 마찬가지로 그렇다고 포기할 마리나도 아니었다. 매일같이 반복되어도 흔들리지 않았다. 마리나는 늘 같은 태도로 토끼를 구조했다. 그런 마리나가 어느 날 내게 물었다.

"혹시 토끼를 구조할 때, 죽은 사체를 많이 보기도 하나요?"

나는 머뭇거렸다. 내 눈으로 직접 사체를 본 적은 없었다. 그러자 마리나는 조용히 말했다.

"나는 죽은 토끼들을 자주 봐요. 어떤 아이는… 머리가 없는 채로 발견되기도 해요. 차에 치인 토끼들은 아무도 신경 쓰지 않아서, 도로 위에서 몇 번씩 더 밟혀 뭉개진 채 발견돼요."

96 토실토실 토끼를 안았습니다 — 유기토끼가 나를 구조하다

마리나는 그런 사체를 그냥 지나치지 않았다. 스스로 토끼의 몸을 거두어 땅에 묻었다.

"간혹 개에게 물리거나 차에 치여 죽은 토끼들은 쓰레기
통에 버려지기도 해요. 저는 그걸 그냥 두고 볼 수 없어요.
마지막은 예를 갖춰 보내야 한다고 생각하거든요."

섬의 땅은 온갖 나무와 식물의 뿌리로 단단했다. 그래서 땅을 파는 데에만도 오랜 시간이 걸렸다. 그럼에도 마리나는 개의치 않았다.

"얼마나 오래 걸리든, 저는 땅을 파서 묻어줘요. 그게 맞는
행동이니까요."

그리고 마리나는 또 이렇게 말했다.

"처참한 상태로 발견된 토끼들을 보며 눈물이 나요. 그래
도 저는 그 아이들의 사진을 찍어둬요. 언젠가 이 기록이
필요해질 수도 있으니까요."

아무도 주목하지 않았던 토끼들의 마지막을 마리나는 눈물을 삼키며 카메라에 담았다. 그렇게 수백 장의 사진이 쌓여갔다.

마리나가 사는 곳에서 토끼는 여전히 가죽과 고기를 얻는 가축일 뿐, 그 이상의 존재로 받아들여지지 않는다. 하지만 마리나는 안다. 토끼가 얼마나 섬세하고 다정한 반려동물이 될 수 있는지. 그렇기에 마리나는 토끼들을 위해 목소리를 내는 걸 멈출 생각이 없다.

2025년.

어느덧 마리나가 피셔 섬에서 본격적인 구조 활동을 시작한 지 3년이 흘렀다. 그동안 마리나는 200여 마리의 토끼를 구조했다. 생생한 구조 현장을 꾸준히 온라인에 공유했고, 그 목소리는 결국 나에게도 닿았다. 처음 마리나의 인스타그램을 접했을 때, 영상마다 붙은 숫자와 태그가 무슨 의미인지 알지 못했다. 그러다 시간이 지나서야 깨달았다. 그 숫자는 마리나가 성공적으로 구조한 토끼의 수를 나타내고 있었음을.

이제 마리나의 험난했던 구조 활동도 끝을 향해 가고 있다. 적어도 피셔 섬에서는 말이다. 수백 마리에 달하던 토끼는 이제 네다섯 마리 정도만이 남았다. 이 아이들까지 모두 구조된다면, 피셔 섬에는 더 이상 토끼가 남지 않게 된다. 만약 마리나가 '혼자선 아무것도 할 수 없다'며 구조를 시작하지 않았더라면, 그 수많은 토끼들은 여전히 섬에서 죽임을 당하거나 고통 속에서 생을 마감하고 있었을 것이다. 하지만, 마리나는 포기하지 않았다. 그렇기에 200마리의 토끼는 새 삶을 살아가게 되었다.

마리나의 이야기는 깊은 울림을 준다. 우리는 으레 생각한다.

"나 혼자 뭘 할 수 있겠어."

혼자서는 아무런 일도 해낼 수 없고, 변화도 만들 수 없다고 쉽게 포기한다. 길에서, 공원에서, 아파트 단지에서, 유기된 토끼를 보고는 잠시 마음이 쓰이지만 그냥 지나친다.

'어떻게든 살아가겠지.'
'누군가는 구조하겠지.'
'내가 뭘 어쩌겠어…'

그렇게 우리는 스스로의 힘을 지워간다.

하지만 이렇게 생각해보면 어떨까? 적어도 내가 구조한, 내가 입양한 한 마리의 토끼의 운명은 바꿔줄 수 있지 않을까? 마리나처럼 수백 마리의 토끼를 구조할 수는 없을지라도 단 한 마리의 세상은 바꿀 수 있지 않을까? 마리나의 이야기가 특별한 이유는 많은 수의 토끼를 구조했다는 숫자에 있지 않다. 마리나는 구조하는 데서 그치지 않고, 좋은 집을 찾아줄 때까지 단 한 번도 포기하지 않았다. 바로 그 지점이 마리나를 특별하게 만든다. 마리나의 모든 선택은 토끼들의 진정한 행복을 위한 일이었기에.

우리 모두 마리나가 될 수 있다. 마리나의 이야기는 피셔 섬에서 끝나지 않는다. 마리나는 앞으로도 도움이 필요한 생명에게 손을 내밀 것이다.

"어려움에 처한 동물이 있는 한 나는 봉사를 멈추지 않을 거예요."

마리나는 그렇게 다짐했다. 강인하면서도 따뜻한 마리나의 앞으로의 행보를 진심으로 응원한다.
아, 그리고 이 글을 읽은 당신도.

Chapter 2. 우린 이미 애가 아홉이에요

내가 동현과 처음 만난 건 2017년 10월 가을이었다. 10월인데도 여전히 무더웠던 날씨가 선명하게 기억난다. 우리가 만난 곳은 토끼들이 많기로 유명했던 '몽마르뜨 공원'이었다. 동현을 포함한 여러 토끼 집사들이 이날 함께 모였다. 그때만 해도 토끼를 키우는 사람은 손에 꼽을 정도였다. 서로를 '집사'라 칭하며 화기애애한 분위기 속에 모임을 열었다. 커다랗게 철창 펜스를 치고 잔디밭에 토끼들을 풀어두었다. 철창 너머로 털이 듬성듬성한 토끼들이 많이 보였다. 공원에 있던 토끼들은 우리가 데려온 토끼들에게 관심을 보였다. 가까이 다가와 킁킁 냄새도 맡아보았지만 사람에게는 선뜻 다가오지 않았다. 나중에서야 그 토끼들 또한 누군가 버린 유기토끼라는 걸 알게 되었다.

집사들의 풋풋했던 모습이 어제 일처럼 떠오른다. 그중에서도 유독 눈에 띄던 유일한 남자 집사, 동현. 이때는 이름도 알지 못해 그저 토끼를 키우는 남자 정도로만 생각했었다. 수줍음이 많은 듯, 위아래로 까만 옷을 입고 조용히 미소만 띠고 있던 마른 체격의 동현이 생각난다. 동현과 연락을 주고받게 된 건 그로부터 한참 지난 뒤였다. 동현과 나의 유일한 공통점은 토끼를 키운다는 것뿐이었다.

동현과 본격적으로 만나기 시작한 건 꾸꾸의 임시보호 이후였다. 동현은 흔한 남자들과는 달랐다. 내가 토끼를 좋아하는 마음을 이해했을 뿐만 아니라, 한술 더 떠 동현 또한 토끼에 미쳐 있는 사람이었기 때문이었다. 버려진 토끼를 보여주며 내가 "얘 어떡해?" 하면, 동현은 "데려올까?" 하며 구조에 조금도 망설임이 없었다. 동현의 그런 점을 알았기에 일부 사람들은 동현에게 구조를 요청하기도 했다. 스스로는 구조하지 않으면서 동현에게 부탁하는 그 마음이 참 나빴다고 생각한 적도 있었지만, 동현은 그런 일로 한 번도 불평한 적이 없었다. 그는 그저 묵묵히 자신이 할 수 있는 선에서, 눈에 밟히는 불쌍한 생명을 지나치지 못하고 구조해 살려냈다.

동현이 키우던 세 마리의 토끼를 시작으로 토끼의 수는 점점 불어났고, 우리는 아홉 마리의 토끼를 함께 돌보게 되었다. 내가 아홉 마리의 토끼가 있다고 하면, 사람들은 깜짝 놀라며 신기하다는 눈빛으로 바라본다. 그런 반응이 어색해서 토끼들 이야기를 잘 하지 않는다. 토끼를 돌보는 것이 힘들지 않냐고 묻는 사람들이 많다. 조금도 힘들지 않냐고 물으면, 힘들 때도 있었지만, 도움받았던 순간들이 더 많이 떠오른다. 응원의 말을 건네는 사람들도 있었고, 토끼를 위한 먹거리를 보내주는 사람도 있었다. 이처럼 토끼들을 구조하고 도움을 주는 수많은 손길이 있기에, 힘을 낼 수 있었다. 나만큼 토끼를 사랑하고 생각하는 사람들이 있기에, 토끼를 돌보는 일이 참으로 보람되고 행복하게 느껴진다.

아침이면 케이지 앞에 바짝 붙은 토끼들이 조용히 아우성친다. 나는 귀를 만져보고, 식욕을 살피며 하루를 천천히 열어간다. 그렇게 아홉 마리나 되는 토끼들을 다 챙기고 나서야 한숨을 돌린다. 가끔 토끼들을 챙기는 시간이 늦어지면, 나를 바라보는 토끼들의 따가운 시선이 느껴진다. 사람이 일어나는 시간에 맞춰 활발히 움직이던 토끼들도 해가 가장 강렬하게 떠 있는 늦은 오전이 되면 또다시 꾸벅꾸벅 졸기 시작한다. 간혹 일어나 건초를 먹거나 물을 마시기도 하지만, 대체로 사람이 깨어 활동하는 시간에는 토끼들도 긴 잠을 잔다. 토끼들의 일상은 참으로 단조롭고 평화롭다. 짖는 소리도 없고, 큰 소리도 내지 않는다. 조용히 낮잠을 자는 토끼들을 볼 때면, 언제까지나 이토록 평화로운 일상이 계속되기를 간절히 바라게 된다.

토끼들의 시간은 빠르게 흘러간다. 어린 시절은 고작해야 6개월밖에 되지 않고, 다섯 살부터는 노령토끼로 분류된다.

가끔은 항상 아기 같은 토끼들의 모습에 이 사실을 잊곤 한다. 바람과는 달리 시간이 지날수록 토끼들은 움직임이 줄어든다. 평소 즐겨 먹던 간식도 예전처럼 찾지 않게 되고, 집사의 부름에도 몸을 꿈쩍도 하지 않게 될 것이다. 당연하게 느껴지는 이 하루하루가 언젠가는 그리운 기억으로 남게 될 것이다. 그렇기에 우리가 함께 보내는 이 시간은 그 무엇과도 바꿀 수 없을 만큼 소중하다.

시작은 토비, 그리고 또롱이와 쪼꼬미

동현은 단 한 번도 동물을 키워야겠다고 생각해 본 적이 없었다. 동물을 키운다는 건 큰 책임이 따른다고 여겼기 때문이다. 홀로서기에도 벅찬 세상에서 또 다른 생명을 책임질 준비가 전혀 되어 있지 않다고 생각했다. 그런 동현에게 '토비'가 찾아온 건 운명이었다.

2016년, 더운 여름. 야근을 하던 동현은 바람을 쐬기 위해 회사 옥상의 하늘정원으로 향했다. 한참 바람을 쐬며 머리 위 별을 바라보고 있던 그때, 갑자기 정체불명의 하얀 덩어리가 시야에 들어왔다. 가까이 다가가 지켜보니 그 하얀 덩어리는 작은 토끼였다. 삭막한 빌딩숲 속에 갑자기 토끼라니? 동현의 머릿속은 물음표로 가득 찼다. 곧장 경비실로 내려가 경비원에게 토끼가 어디서 나타난 건지 물었다. 그러나 경비는 토끼가 있다는 사실조차 몰랐다며 시큰둥하게 반응했다.

하늘정원은 간간이 직장인들이 담배를 피우거나, 일에 지친 회사원들이 동료와 상사 뒷담화를 나누며 바람을 쐬러 오는, 그야말로 모두에게 열려 있는 공간이었다. 당연히 보안이라 할 것도 없이 허술했기에 건물에서 근무하지 않는 외부인이라도 쉽게 드나들 수 있었을 터다. 어쨌든 토끼가 스스로 엘리베이터를 타고 옥상까지 올라왔을 리는 만무했다. 분명 누군가 이곳에 하늘정원이 있다는 걸 알고 일부러 토끼를 유기했음이 틀림없다.

다행히 토끼는 건물에서 일하던 사람들이 챙겨준 물을 마시며 뙤약볕이 내리쬐는 무더운 여름날에도 온정 어린 보살핌 아래 넓은 옥상 공원을 깡충깡충 뛰어다녔다. 작은 토끼가 걱정된 동현은 이후로 매일같이 옥상에 올라가 토끼를 살피기 시작했다. 토끼가 잘 지내는지, 풀은 잘 뜯어먹는지를 지켜보며 매일 아침 기대에 부푼 마음으로 출근길에 나서게 되었다.

그러던 어느 주말, 갑자기 장마비가 쏟아졌다. 집 안에서 창밖으로 대차게 떨어지는 빗방울을 바라보던 동현은 문득 토끼를 떠올렸다. 그는 당장 작은 상자 하나를 챙겨들고 곧장 회사로 향했다. 회사 옥상에 도착해 문을 박차고 들어섰을 때, 하늘정원 한가운데에서 비에 흠뻑 젖은 채 동현을 빤히 바라보는 토끼와 눈이 마주쳤다. 비를 피하지도, 동현을 보고 숨지도 않는 작은 토끼. 동현이 다가가자 그제야 겁을 먹고 요리조리 도망치기 시작했다. 쏟아지는 빗속에서 우산을 들고 한참을 쫓아다니다 겨우 토끼를 붙잡아 상자에 넣을 수 있었다. 그러자 심장이 세차게 두근거리기 시작했다.

'반려동물은 한 번도 키워본 적이 없는데? 내가 잘 돌볼 수 있을까? 아니, 당장 이제 뭐 해야 하지?'

집에 도착한 동현은 고민에 빠졌다. 무작정 데려오긴 했지만, 토끼에 대해 아는 게 하나도 없었다. 토끼를 그대로 상자에 둔 채 이것저것 검색하기 시작했다. 토끼집을 꾸미는 방법, 토끼 먹거리에 대해 찾아보며 케이블 타이와 네트망을 주문해 급히 토끼집을 조립했다. 토끼 커뮤니티에도 글을 올려 당장 먹을 것이 없는 토끼에게 무엇을 줘야 하는지 물었다. 조언을 받은 뒤 얼갈이를 비롯한 채소들을 마트에서 샀다. 뚝딱뚝딱 서툴게 만들어진 토끼집과 먹거리를 들고 집에 돌아오니 비로소 마음이 놓였다. 상자에서 조심스럽게 토끼를 꺼내 방바닥에 내려놓았다. 옥상에서 봤을 때보다도 토끼는 더 작아 보였다. 토끼를 보호하며 천천히 주인을 찾아보자는 생각에 커뮤니티에도 사진을 올렸다.

동현이 토비를 구조한 후 시간이 점점 흘렀고, 주인은 끝내 나타나지 않았다. 토끼를 보호소로 보내야 할까, 고민이 깊어졌다. 보호소에 보내더라도 입양되지 않으면 안락사 될 수 있다는 사실이 발목을 붙잡았다. 여러 날 고민한 끝에, 동현은 토끼를 입양하기로 결심했다. 비 오는 날 찾아온 토끼라는 의미로 '토비'라는 이름을 지어주었다. 토비는 곧 동현에게 마음을 열었다. 동현이 퇴근하고 돌아올 때면 엉덩이를 신나게 흔들며 동현의 다리 주변을 뱅뱅 돌았다. 서투른 동현도 정성으로 다했다. 그렇게 토비는 동현의 첫 반려토끼로 가족이 되었다.

우리가 시간을 되돌릴 수는 없다. 누가 토비를 유기했는지 알 수도 없고, 유기되며 입었을 상처 또한 그저 가늠만 할 수 있을 뿐, 없었던 일로 돌이킬 수는 없다. 그렇지만 우린 미래를 선택할 수는 있다. 동현은 토비를 위한 선택을 했고, 이제 토비에게는 평생의 가족이 생겼다. 과거의 아픔을 모두 덮을 만큼 평생 함께할 따뜻한 시간이 차곡차곡 쌓여가고 있다.

동현의 두 번째 토끼 또롱이는 순전히 토비 덕에 만난 인연이다. 서로 다른 성별의 토끼가 같은 성별보다 합사 확률이 높다는 이야기를 들은 것이 계기였다. 동현은 토비에게 남자친구를 만들어주고자 또롱이를 데려왔다. 중성화를 먼저 진행한 뒤 합사를 시도할 생각으로 동물병원부터 찾아갔다. 그런데 수의사 선생님이 뜻밖의 말을 전했다.

"얘, 암컷이네요."

동물병원에서 임시보호 중이던 또롱이라서 성별에 대한 의심을 전혀 하지 않았던 동현은 큰 충격을 받았다. 토끼의 성별을 오인하는 게 굉장히 흔한 일이라는 걸 동현이 알게 된 건 한참 후의 일이었다. 동현은 커다란 충격만을 안고 집으로 돌아와야 했다.

그렇다고 계획했던 합사를 포기할 수는 없었다. 같은 성별이라도 친구가 될 수 있으리라 믿으며 동현은 토비에게 또롱이를 소개했다. 그러나 동현의 기대와 달리, 토비와 또롱이는 둘 다 모두 고집 센 녀석들이었다. 토비는 또롱이를 싫어했고,

또롱이 역시 적대적인 토비를 곱게 보지 않았다. 초보였던 동현에겐 역부족인 상황이었다. 결국 합사는 보기 좋게 실패했고, 토비와 또롱이는 따로따로 키우게 되었다.

이미 합사를 실패한 탓에 둘도 버겁게 되었는데, 어째서인지 운명은 동현에게 자꾸 토끼를 몰아주고 있었다.

또롱이가 가족이 된 지 몇 달도 되지 않았던 어느 이른 아침, 출근길에 동현은 길가에 우르르 몰려 있던 초등학생 아이들 무리에 시선을 멈췄다. 아이들이 뭔가를 둥그렇게 둘러싸고 있었고, 그 사이에서 "인형이야? 토끼야?" 하는 소리가 들려왔다. 토끼? 동현은 아이들 틈을 뚫고 안을 들여다봤다. 거기에는 인형이 아닌, 얼어붙은 채 몸을 웅크리고 있는 토끼가 있었다. 갈색 배바지를 입은 듯한 파란 눈동자의 토끼는 손바닥보다도 작은 몸으로, 미동조차 없이 인형처럼 움츠려 있었다. 아이들이 토끼에게 돌을 던지자 동현은 아이들을 쫓아내고 조심스레 토끼를 안아 들었다. 출근 중이었지만, 동현은 회사에 간단히 문자를 남기고 다시 집으로 향했다. 토비에 이어 두 번째 '토줍'이었다.

예상대로 주인은 나타나지 않았고, 입양도 쉽지 않았다. 동현은 결국 이 토끼에게 '쪼꼬미'라는 이름을 붙이고 가족으로 맞아들였다. 이렇게 해서 동현은 토비, 또롱이, 쪼꼬미. 세 마리 토끼의 아빠가 되었다. 부드럽고, 따스한, 자애로운 아빠.

토비는 올해 열 살이 되었다. 중성화 수술 후 상처를 하도 핥아대 상처가 벌어질 뻔했던 일을 제외하면, 크게 아픈 곳 없이 건강하게 지냈다. 한때 반짝이던 눈은 어느덧 흐려져 희뿌연 안개가 끼었고, 귀 안에는 혹이 자라 소리를 듣지 못하게 되었다. 나이와 체구를 생각하면 수술은 더 이상 쉽게 권하기 어려운 상태였다. 마취 한 번조차 망설여지는 그런 나이가 된 것이다. 아직도 토비는 아침에 사람의 인기척을 느끼면 케이지 안을 빙빙 돌며 온몸으로 기쁨을 표현한다. 소리가 들리지 않기에 인기척 없이 방에 들어가면 깜짝 놀라 넘어질 때도 있지만, 그래도 토비는 아직 건강하다.

또롱이와 쪼꼬미도 이제 적지 않은 나이지만, 동현의 눈에는 여전히 사랑스러운 아기 토끼들이다. 동현은 토끼들과의 남은 시간을 세는 대신 매일을 최선을 다해 사랑하며 살아간다. 날씨가 좋은 계절이면 어김없이 토끼들을 데리고 나들이를 나간다. 예쁜 꼬까옷을 입은 토끼들을 바라보며, 동현은 말

없이 웃는다.

그것이 동현이 사랑을 표현하는 방식이다.

빈자리를 채워준 꾸꾸

"공원에서 토끼를 주웠는데, 혹시 네가 데리고 있을 수 있어?"

어느 날이었다. 갑작스런 동현의 연락은 나를 흔들어 놓기에 충분했다. 그 무렵의 나는 내 인생에서 두 번째 반려토끼였던 '꿍이'와의 이별로 몹시 힘든 시간을 보내고 있을 때였다. 새로운 토끼 소식이 달갑게 들릴 리가 없었다. 동현에게 자초지종을 묻자 이번에도 구조요청을 받은 거라고 했다. 그는 사람들과 어울려 술을 마시던 중이었지만, 구조요청을 받자마자 곧장 택시를 탔다고 한다.

"그래서 지금 택시 안이고, 난 공원으로 가고 있는 중이야."

동현의 목소리는 살짝 흥분한 상태였다. 그건 취기 때문이 아니라, 조급함 때문이었다. 이미 연락을 받은 시점으로부터 시간이 꽤 흘러 있었기에, 동현은 토끼가 자리를 떠났을지도 모른다는 생각에 불안해하고 있었다. 엎친데 뒤친 격으로, 도착한 공원에는 추적추적 비가 내리고 있었다. 택시에서 내려 주차장을 지나 공원 안으로 몇 걸음 걷지 않았을 무렵, 농구장 한가운데 우두커니 주저앉아 있는 토끼와 동현의 눈이 마주쳤다. 토끼는 꼼짝도 하지 않았다.

"아가야…"

조심스레 토끼를 부르며 무릎을 굽히고 손을 뻗었다. 그러자 토끼는 깡총깡총 뛰어와 동현에게로 다가왔다. 동현은 토끼의 머리를 몇 번 쓰다듬은 후, 조심스레 들어올렸다. 토끼는 얌전히 품에 안겼다. 걱정이 무색할 만큼, 구조는 순식간에 끝이 났다. 정말 착하고 순한 녀석이었다. 동현은 비를 피해 집으로 발길을 돌렸다.

그 무렵 동현은 작은 오피스텔에 살고 있었다. 큰 방은 토끼들에게 내어준 상태였고, 그의 개인 공간은 벙커침대 아래

데스크와 침대 위 공간이 전부였다. 사실 생명 하나를 더 받아주기엔 환경이 너무 열악했다. 다른 토끼들이 있는 방은 이미 포화 상태였고, 그렇다고 거실에 두자니 사람이 지나다닐 공간조차 없어질 지경이었다.

집에 도착한 동현은 비에 흠뻑 젖은 토끼의 몸을 마른 수건으로 닦아주었다. 토끼들이 미끄러지지 않도록 바닥에 까는 담요를 펼쳤고, 그 위에 철 울타리를 두르고 화장실과 건초도 넣었다. 급히 마련한 토끼집은 그나마 남아 있던 동현의 부엌 공간마저 없애 버렸다. 동현에게 남은 공간은 이제 침대뿐이었다.

설상가상으로 친할머니의 장례를 위해 동현은 며칠간 집을 비워야 했다. 네 마리나 되는 토끼를 아빠 없이 방치해둘 수는 없었다. 나는 동현의 집을 방문해 토끼들을 돌봐주기로 했다. 퇴근 후 도착한 동현의 집 문을 여는 순간, 진한 건초 향기가 나를 감쌌다. 그리고 이내 시야에 들어온, 커다랗고 날씬한 토끼. 바로 동현이 네 번째로 구한 토끼, 꾸꾸였다.

나는 자연스럽게 다가가 꾸꾸를 쓰다듬었다. 꾸꾸는 커다란 눈을 지그시 감으며 얌전히 손길을 받아들였다. 두 손으로 조심스레 꾸꾸를 들어 가까이에서 바라보니, 사랑스러움이 온전히 전해졌다. 긴 속눈썹, 까만 눈동자, 커다란 귀. 처음 보는 이 토끼에게서, 나는 얼마 전 토끼별로 떠난 꿍이의 모습을 보았다. 오랜만에 안아보는 토끼의 따뜻한 털에서 건초 향기가 물씬 풍겼다. 나는 털에 코를 묻은 채, 한참 동안 그 따뜻한 체온을 느꼈다.

할머니의 장례를 무사히 마치고 돌아온 동현에게 나는 꾸꾸를 데려가 돌보겠다고 말했다. 꿍이를 잃고 슬픔에 잠겨 있던 나를 걱정했지만, 토끼에게 점령당한 집 안을 둘러본 동현은 마지못해 내 제안을 수락했다. 침대를 제외하면 사람이 쉴 공간조차 없는 집이었다. 꾸꾸를 집으로 데려와 고이 접어두었던 꿍이의 집을 다시 펼쳤다. 버리지 않고 보관해 두었던 화장실과 물그릇도 꺼내어 설치해 주었다. 꾸꾸는 금세 적응을 했는지 슬슬 자신의 영역을 넓혀갔다. 고개를 위아래로 까딱이며, 집 안 구석구석을 천천히 탐색했다. 왕성한 호기심은 창밖을 향하기도 했다. 가끔 환기를 위해 창문을 열어두면 뒷발로 일어서서 창밖으로 고개를 내밀기도 했다. 내가 일하느라 돌보지 못할 땐, 집 안 여기저기를 돌아다니다가 시원한 타일이 깔린 현관 앞에 자리를 잡고 쉬곤 했다.

하지만 어쩐 일인지 난 자꾸만 그런 꾸꾸를 꿍이와 비교하려 들었다. 그리고 시간이 흐를수록 그릇된 마음이 더 짙어졌다. 꿍이와는 다른 꾸꾸의 모습들. 시도 때도 없이 눈앞에 불쑥 튀어나오는 삼안검三眼瞼의 존재감, 손바닥만큼이나 긴 뒷다리와 길쭉한 앞발, 꿍이의 두 배는 되는 큼직한 귀. 어느 순간부터 그런 꾸꾸의 모습들이 부담스럽게 느껴졌다.

"얘 너무 징그러워. 꿍이랑 너무 다르게 생겼어."

급기야 해서는 안될 말까지 입 밖으로 튀어나오고 말았다. 그럴 때마다 동현은 아무 말 없이 묵묵히 들어주었다. 분명 꾸꾸는 내가 임시보호를 하겠다고 마음먹고 데려온 토끼였다. 그런 꾸꾸를 꿍이와 닮지 않았다는 이유만으로 다시 보내려하다니 스스로를 이해할 수 없었다. 완전히 다른 토끼에게서 꿍이의 모습을 찾고 있는 나 자신이 한심하기만 했다.

꾸꾸의 상태가 안정된 후, 중성화를 위해 대중교통으로 두 시간이 걸리는 동물병원으로 향했다. 이동 내내 꾸꾸는 긴장한 모습이었다. 긴장이 심해지자 눈앞의 삼안검이 더욱 도드라져 보였다. 꿍이와는 사뭇 다른 그 모습에 순간 징그러움을 느꼈지만, 올라오는 감정을 누르고 조심스레 이마를 쓸어주었다. 이마를 슥슥 문질러주자, 꾸꾸는 눈을 지그시 감으며 이를 도도 갈았다. 진정이 되자 삼안검도 언제 그랬냐는 듯 눈 안으로 쏙 들어갔다.

병원에서는 일이 일사천리로 진행됐다. 꾸꾸는 피검사를 받고, 마취에 들어갔다. 마취부터 수술, 마취 회복까지는 약 세 시간이 걸렸다. 그 세 시간 동안 난 인근 공원을 산책하고, 밥을 먹었다. 꾸꾸를 품에서 완전히 내려놓았던 것이다. 다시 병원에 들어섰을 땐 이미 꾸꾸가 회복실로 이동한 뒤였다. 수의사 선생님이 나와 꾸꾸가 있는 회복실로 안내해주었다. 엎드린 채 눈을 감고 있는 꾸꾸가 보였다.

"꾸꾸야…"

조심스럽게 이름을 불렀다. 꾸꾸의 게슴츠레한 눈이 나를 향했고, 마취에서 덜 깬 꾸꾸가 비틀거리며 몸을 일으켜 나를 반겼다. 그 모습을 보자 나도 모르게 눈물이 왈칵 쏟아졌다. 꾸꾸는 이미 나에게 완전히 마음을 기대고 있었던 것이다. 비몽사몽한 상태에도 내 목소리를 알아듣고 눈을 마주쳤다. 두 뒷다리 사이에 감겨 있는 붕대가 보였다. 마취에서 깨어 내 품에 안긴 꾸꾸는 마치 전혀 다른 토끼처럼 느껴졌다. 징그럽게만 보였던 삼안검은 더 이상 보이지 않았고, 커다란 눈과 작은 따옴표처럼 길게 뻗은 검은 속눈썹이 시야에 들어왔다.

그 순간 나는 입양을 결심했다.

"나, 꾸꾸 키울게."

동현은 정말 확실하냐며 몇 번이고 되물었고, 나는 고개를 강하게 끄덕였다.

"다른 사람이 아니라 네가 입양해서 다행이야."

동현은 진심으로 기뻐했다. 그날 이후로, 동현을 비롯한 많은 사람들이 꾸꾸의 입양을 축하해주었다. 그렇게 꾸꾸는 동현이가 구한 네 번째 토끼이자, 내 인생 세 번째 반려토끼가 되었다.

동글동글해서 동동이

 그 무렵, 동현과 난 살림을 합치기로 합의했다. 동현은 토끼들에게 자애로운 만큼 내게도 충실한 사람이었다. 그리고 혼자보단 둘이 함께할 때, 토끼들도 안정적으로 돌볼 수 있다는 생각이 우릴 단단하게 묶어주었다. 덕분에 난 내 인생의 반려토끼를 동시에 세 마리나 더 끌어안게 되었다. 그리고 오래지 않아 우린 또 하나의 토끼를 맞이하게 된다.

 둘이서 함께 중고거래 사이트를 둘러보던 중이었다. 'OO동에서 토끼 잃어버리신 분 계시나요?'라는 제목의 글이 눈길을 끌었다. 글에는 배추를 먹고 있는 갈색 토끼의 사진이 함께 올라와 있었다. 얼굴도 몸도 동글동글하고 아주 귀여운 모습이었다.

"우리집이 빌라 3층이에요. 그런데 엄마가 오늘 현관문을 열었더니 토끼가 쏙 들어와 거실을 돌아다니더니 자리를 잡고 안 나간다고 합니다. 당황하셔서 일단 야채와 물을 주셨다고 하는데, 토끼 잃어버리신 분이 있으시다면 연락 주세요."

댓글 창에는 토끼가 어디서 왔을지에 대한 여러 이야기들이 오가고 있었다. 그중에는 야생 토끼일 테니 산에 풀어주면 된다는 의견도 있었다. 하지만 사진 속 토끼는 야생 토끼의 모습과는 거리가 멀었다. 동그란 얼굴에 밥을 잘 먹어 토실토실한 뱃살이 눈에 띄었고, 커다란 눈망울은 세상물정 모르는 송아지를 연상시킬 만큼 순했다. 글쓴이가 혹시라도 그런 댓글을 믿고 토끼를 산에 풀어두기라도 할까 걱정스러웠다. 우리는 곧장 토끼를 데리러 가겠다고 연락했고 바로 토끼가 있다는 동네로 발걸음을 재촉했다.

조용한 골목 안쪽, 빨간 벽돌의 빌라가 나타났다. 문을 두드리자 연세 지긋한 할머니가 푸근한 미소로 맞이해주셨다. 현관에 자리를 잡고 앉아 있던 토끼는 바로 눈에 띄었다. 동현이 먼저 조심스레 토끼를 향해 손을 뻗었다. 토끼는 목을 쭉 빼고 손가락 냄새를 킁킁 맡았다. 서로가 긴장한 순간이었다. 그러자 토끼가 이내 고개를 치켜들더니, 동현의 검지에 턱을 강하게 슥 문질렀다. 마음을 녹이는 '찜콩'이었다. '찜콩'이란 토끼가 애정을 표현하는 방법 중 하나다. 지금처럼 상대에게 턱을 문지르는 행위를 말한다. 긴장됐던 마음은 애교 많은 토끼의 모습에 금세 풀어졌다.

"아이고, 내가 문을 열었는데 그냥 문으로 들어왔다니까. 거실에 자리를 잡고 나가질 않아서 얼마나 난감했는지 몰라. 뭘 먹는지도 몰라서 상추, 사과, 감자 같은 걸 그냥 줬지."

할머니가 얼마나 잘 먹이셨는지 토끼의 배는 커다란 감자처럼 빵빵하고 동그래 있었다. 넉살 좋은 토끼는 우리가 자기 이야기를 하는 걸 아는지 모르는지, 커다란 사과를 열심히 먹고 있었다. 이미 정이 많이 드셨는지 할머니는 토끼를 '애기'라고 부르고 계셨다. 감사의 인사를 드리고, 우리는 토끼를 데리고 집으로 향했다.

몸도 성격도 둥글둥글한 이 토끼의 이름을 '동동이'라고 지었다. 동동이의 사진을 찍고 성별과 추정 나이 등을 적어 발견된 빌라를 중심으로 곳곳에 포스터를 붙였다. 많은 포스터를 붙였지만, 끝내 주인은 나타나지 않았다. 이렇게 귀여운 토끼를 유기했다는 사실이 도무지 믿기지 않았다.

결국 우리는 동동이를 입양하기로 했다. 몸도 얼굴도 동그란 동동이는 급속도로 우리에게 마음을 열기 시작했다. 우리가 만난 토끼들 중에서 가장 붙임성이 좋은 아이였다. 얼굴을 핥고, 턱을 마구 비비고, 무릎 위로 척 올라타며 온몸으로 사랑을 표현하던 동동이는 금세 우리의 가족이 되었다.

다시 피어나는 은비

은비는 이름처럼 은색으로 빛나는 고운 털을 가진 친칠라 토끼다.

은비를 처음 본 건 전국 유기동물 보호소 플랫폼 '포인핸드'를 통해서였다. 사진 속 은비는 커다란 눈에 헬쑥한 얼굴로 어딘가 슬퍼 보였다. 덩치도 작아 보였지만, 가죽밖에 남지 않은 마른 몸이 마음을 아프게 했다. 보호소에 들어간 지 꽤 되었음에도 아무도 은비를 데려가지 않았다. 은비는 안락사 예정 목록에 올라 있었고 공고 기간이 끝나면 안락사가 진행될 예정이었다. 불안한 마음에 우리는 서둘러 은비를 데려오기로 했다.

은비를 품에 안고 보호소에서 병원으로 곧장 향했다. 진료실에 들어가 체중을 재기 위해 은비를 들어 체중계 위에 올렸다. 은비는 힘없이 그 자리에 주저앉았다. 1.2kg밖에 나가지 않는 심각한 저체중 상태였고, 근육도 없어 영양실조가 명백했다. 피검사, 치아 상태, 기타 건강 검진을 받은 뒤 은비는 생후 약 4개월 남짓의 아기 토끼로 추정된다는 진단을 받았다. 누가 이렇게 예쁜 아이를 버렸는지 알 길은 없지만, 오랜 보호소 생활에 지쳤을 은비에게 따뜻한 방, 맛있는 먹거리, 깨끗한 물을 주었다.

처음 몇 주 동안 은비는 집 안 곳곳에 소변과 똥을 쌌다. 장이 좋지 않아 무른 변도 자주 보았다. 그 탓에 발바닥과 엉덩이는 오물 범벅이 되기 일쑤였다. 케이지 문을 열고 밥을 채워주려 하면 은비는 꾹꾹 소리를 내며 요란하게 구석으로 숨어들었다. 은비와 친해지기 위해 많은 노력을 기울였다. 직접 손으로 먹이를 주고 머리를 쓰다듬어보기도 했지만 은비는 좀처럼 마음의 문을 열지 않았다.

그런 은비가 변하기 시작한 건 동동이를 만나고 나서부터였다. 사람도, 토끼도, 극도로 무서워하던 은비를 동동이가 천천히 보듬어주었다. 그루밍을 받기만 하던 은비가 어느 날, 동동이의 눈을 조심스럽게 핥아주는 모습을 보여주었다. 그날 이후, 은비와 동동이는 떼려야 뗄 수 없는 돈독한 친구가 되었다. 은비의 건강도 점차 회복되었다. 더 이상 무른 변을 보지 않을 정도로 몸도 안정되었다. 비록 사람은 아직까지도 그리 좋아하지 않지만, 영혼의 단짝 동동이를 만나 은비는 다시 살아가는 법을 배워갔다.

아픔과 동행하는 행복과 희망, 나나

'나나'는 분당중앙공원에서 구조된 토끼들 중 하나였다.

이름도 없고 나이도 알 수 없는 채로 나나는 공원의 야생 속에서 임신과 출산을 반복하며 사람의 손길을 피해 2년을 견뎠다. 자신을 버린 사람을 원망이라도 하듯 나나는 극도로 사람을 무서워했다. 그러던 어느 날, 먹이 봉사자가 나나를 발견했다. 평소라면 사람만 보면 도망가기 바빴던 나나가 그날은 도망치지 않고 가만히 있었다고 한다. 이상함을 느낀 봉사자가 조심스럽게 다가가 살펴보았다. 그리고는 깜짝 놀랐다. 나나의 왼쪽 눈이 툭 튀어나와 있었고, 그 빛은 이미 사라진 상태였다. 한눈에 봐도 심각해 보이는 상태에 봉사자는 구조 요청을 했다. 그러나 문제는 나나를 구조하더라도 머무를 수 있는 장소가 없다는 점이었다. 다친 것을 눈앞에서 목격하고도 이러지도 저러지도 못하는 상황이 계속되었다. 다행히도 병원까지 나나를 옮겨줄 봉사자가 자원해주었고, 나나는 급히 동물병원으로 이송되었다. 늘 곁을 허락하지 않던 나나는 그날, 봉사자의 손길을 피하지 않았다.

병원에서 확인된 나나의 상태는 생각보다 훨씬 더 심각한 상태였다. 왼쪽 눈은 돌출되어 눈꺼풀이 감기지 않을 정도로 튀어나와 있었다. 이미 기능은 완전히 상실된 상태였다. 공원에서 제대로 된 식사를 하지 못한 탓에 이빨이 제멋대로 자라 염증과 고름이 생겼고, 그 고름 주머니가 안구를 밀어낸 것이었다. 나나는 음식을 씹지도 못했다. 당근을 주었지만 겨우 우물우물하다가 그대로 뱉어냈다. 방사선 검사 결과, 나나의 자궁 안에는 자궁축농증과 함께 사산된 새끼들이 보였다. 자궁 속, 작고 까만 덩어리들. 그것은 아직 태어나지도 못한 채 나나의 뱃속에서 생을 마감한 아기 토끼들이었다. 아마 나나가 사람이었다면, 고통에 몸부림치며 바닥을 데굴데굴 굴렀을 것이다. 나나는 곧바로 강한 진통제와 항생제를 투여 받았고, 자궁 적출 수술과 기능을 상실한 왼쪽 안구를 제거하는 응급 수술에 들어갔다.

수술대에 꺼내 본 나나의 자궁은, 누런 농양으로 빵빵하게 부풀어 있었다. 적출한 자궁 속에는 뱃속에서 세상을 떠난 새끼들의 뼛조각들이 들어 있었다. 13개의 갈비뼈, 11개의 기타 뼛조각, 그리고 귀 연골 하나. 작디작은 그 뼛조각들을 오랫동안 품고 있었을 나나. 공원에서 얼마나 많은 임신과 출산을 반복했는지 알 수 없었다. 그저 본능에 따라 몸이 상하는 줄도 모른 채 반복되었을 출산들. 수술 직후, 나나의 몸무게는 몸속에 지고 다녔던 염증의 무게만큼 200그램이나 줄어 있었다. 큰 수술을 잘 견뎌낸 나나였지만, 여전히 돌아갈 곳은 없었다. 나나는 결국, 새로운 거처를 찾을 때까지 병원 회복실에서 지내게 되었다.

회복실에서 생활하는 동안 당근, 사료, 청경채, 건초 등 토끼가 좋아할 만한 별미들을 차려주었지만 나나는 그 무엇도 삼키지 못했다고 한다. 그나마 먹었던 것은 바나나 정도. 부드럽고 달콤한 바나나만이 나나가 받아들일 수 있는 음식이었다. 오물오물 바나나를 씹으면서도 한편으로는 남은 한쪽 눈으로 사람을 곁눈질하며 살폈다고 하니, 그간 어떤 환경 속에서 버텨왔는지 짐작조차 어렵다.

나나의 왼쪽 안구를 적출한 자리엔 지름 1센티미터 가량의 큰 구멍이 뚫려 있었다. 이 구멍은 윗니를 발치한 자리와 연결되어 있었고, 그 이름은 '개방창'이라 불린다. 간단히 설명하자면, 토끼는 몸 안에 염증이 생기면 이를 감싸기 위해 '농 주머니'를 형성한다. 농이 안에서 심하게 차오르기 전에, 주사기 등으로 수압을 이용해 물리적으로 제거해야 하기에 염증 부위의 상처를 일부러 열어 둔다. 이 개방된 상처가 바로 개방창이다. 개방창 자체에서 발생하는 통증보다 농이 내부에서 압력을 만들며 생기는 염증 통증이 훨씬 심각하다. 제때 처치하지 않으면 염증은 주변 뼈에 침투하게 되고, 뼈는 그 모양을 급격히 잃어가기 시작한다. 얇고 가벼운 토끼의 뼈는 사람보다 훨씬 쉽게 변형된다. 특히 나나처럼 염증 발생 부위가 머리에 있을 경우, 가만히 둘 경우 염증이 뇌로 침투해 뇌질환까지 유발할 수 있다. 상처를 닫지 않고 열어둔다는 건 사람의 관점에서 보면 고통스럽기 그지없는 일이지만, 토끼의 생존을 위해선 불가피한 선택이다.

하지만 이런 현실 따위를 나나가 이해할 리 없었다. 나나의 입장에서 이 모든 과정은 그저 막연한 혼란과 두려움의 연속일 뿐이었다. 마취에서 깨어난 나나는 작은 회복실 구석에서 잔뜩 몸을 웅크린 채 숨어 있었다. 검고 큰 눈에는 슬픔과 두려움이 고스란히 맺혀 있었다. 나나는 음식을 일절 거부했다. 좋아하는 바나나와 사료 몇 알을 제외하면, 어떤 것도 입에 대지 않았다. 토끼는 위장이 비어 있으면 안 되는 동물이라 끊임없이 먹어야 하지만, 다른 토끼들이 없어서 못 먹는 청경채나 치커리조차 나나는 쳐다보지도 않았다. 수술 이후, 나나는 모든 것을 잃은 것처럼 보였다고 한다.

우리가 나나를 처음 찾아갔을 땐, 그렇게 회복실에서 이미 한 달을 보낸 뒤였다. 안구를 적출한 쪽 얼굴의 표정을 알 수 없는 토끼를 누가 선뜻 데려가려 하겠는가? 개방창을 소독하기 위해서는 주사기로 물을 쏘아 상처 속 고름과 음식물 찌꺼기를 밀어내야 했다. 그렇다고 한쪽 눈을 잃고 갈 곳 없는 나나를 다시 공원에 돌려보낼 수는 없었다. 우리는 결국 나나를 데려오기로 마음먹었다.

나나를 처음 만나러 간 날을 생생히 기억한다. 연두색 매트 위에 앉아 있던 작은 갈색 토끼는 회복실 문이 열리자 마치 사라지기라도 하려는 듯, 작은 몸을 더욱 작고 동그랗게 웅크렸다. 까만 눈동자에는 하얀 흰자가 가득 드러났고, 곁눈질로 우리를 경계하며 살폈다. 그새 수의사와 간호사에게는 조금 마음을 내주었는지 낯선 우리를 향해서는 온몸을 잔뜩 웅크린 채 경계하면서도, 수의사 선생님이 지나갈 땐 긴장을 살짝 풀고 눈으로 따라갔다.

조심스레 회복실 문을 열고 나나에게 손을 뻗었다. 나나는 반항하지도 않았고, 물려고 하지도 않았다. 스스로를 지키기 위한 최소한의 방어조차 하지 않았다. 손끝이 닿자 움찔거리며 그대로 숨을 죽인 채 가만히 있었다.

"똥이 없어도 놀라지 마세요. 자기 똥을 먹거든요."

수의사 선생님이 쓴웃음을 지으며 말했다. 건초, 청경채, 쑥갓. 토끼라면 환장할 법한 음식들에는 손도 대지 않던 나나는 그 대신 자신의 변을 계속해서 먹고 있었다. 토끼에게는 두 가지 변이 있다. 하나는 한 번의 소화를 거친 뒤, 영양분을 흡수하기 쉽게 점액질에 싸여 나오는 '맹장변$_{cecotropes}$'이다. 또 하나는 일반적인 형태로 바로 배출되는 동그란 변이다. 맹장변은 포도알처럼 생겼고 냄새는 고약하다. 일반 변은 맹장변과 달리 동그란 환$_丸$ 형태이며 냄새는 거의 없다. 나나는 그중 하나만이 아니라 일반 변까지도 모두 먹고 있었다. 그 모습은 마치 자신의 모든 흔적을 지워버리려는 듯했다. 나나는 작은 회복실의 가장 구석에서 몸을 웅크린 채 남은 한쪽 눈을 동그랗게 뜨고 우리를 바라보고 있었다. 잔뜩 긴장한 그 눈은 우리가 아닌 우리 뒤편으로 바삐 지나가는 수의사 선생님과 간호사 선생님을 따라가고 있었다.

회복실에서 나나를 꺼내 품에 안았다. 나나의 털은 까슬했고, 푸석했다. 자궁 적출 수술을 받은 배에는 털이 밀려 얇은 피부가 드러나 있었다. 수술 자국도 커다랬다. 배 한가운데를 따라, 세로로 길게 꿰맨 상처가 선명히 남아 있었다.

'이 배에 다시 털이 다 자라려면 얼마나 걸릴까?'

나나를 안은 채 상담실로 이동하자 수의사 선생님이 나나를 돌보는 방법을 자세히 알려주셨다. 나나의 눈이 사라진 왼쪽 얼굴에는 커다란 구멍이 뚫려 있었고, 그 안에는 매일같이 농양이 차올랐다. 이 농양을 제거하기 위해 식염수를 담은 주사기로 구멍 안에 고여 있던 음식물 찌꺼기와 고름을 역류시켜야 했다. 선생님은 시범으로 치료를 보여주셨다. 식염수가 개방창 안으로 주입되자 안에 고여 있던 희뿌연 고름과 각종 찌꺼기들이 쏟아져 나오기 시작했다. 개방창은 입과 연결되어 있어 나나가 먹은 음식이 구멍 안으로 밀려들어가 잔뜩 고인 채 썩어 있었다. 그 찌꺼기들은 식염수에 밀려 한꺼번에 밖으로 흘러나왔다. 물살이 거세게 밀려들었지만, 나나는 마치 이미 익숙하다는 듯 몸 한 번 움찔하지 않고 묵묵히 치료를 받았다. 그저 모든 것을 내려놓고 조용히 견딜 뿐이었다. 여러 방향으로 상처 벽을 긁듯 물을 쏘고, 구멍을 휴지로 닦아 마무리하자 미처 닦이지 않은 자리에선 약간의 피가 배어 나왔다. 분명 아프고 쓰라릴 텐데도 나나는 아무런 저항 없이 얌전히 치료를 마쳤다. 그 모습이 안쓰럽고, 동시에 참 대견했다.

치료 용품과 내복약을 받아 들고 나나와 함께 집으로 향했다. 병원 로비에 산책 삼아 내려놨을 때, 나나는 망부석처럼 두세 시간 동안 한 발짝도 움직이지 않고 그 자리에 그대로 얼어 있었다고 한다. 우리는 나나가 안정될 수 있도록 작은 방 하나를 비워 어둡고 조용한 공간을 마련해주었다. 그 방에서 나나는 우리 집에서의 첫날밤을 보내게 되었다. 안방에서는 펫캠으로 나나를 지켜봤다. 나나는 처음 30분간은 꼼짝도 하지 않은 채 가만히 주변을 살폈다. 그러다 조금씩 머리를 돌리며 발을 떼기 시작했고, 점점 방 안을 탐색하듯 움직이기 시작했다. 긴장이 조금 풀렸는지 꼼꼼히 세수하는 모습도 보였다.

그 모습을 보고 나서야 안도감이 들었다.

'다행이다. 잘 지낼 수 있겠다.'

다음 날 아침, 본격적인 나나와의 하루가 시작되었다. 눈을 뜨자마자 나나의 약을 준비하고 치료를 시작했다. 아빠다리로 앉은 다리 위에 나나를 올리고 입에 약을 넣어준 뒤, 개방창 소독을 시작했다. 처음 해보는 치료라 손끝에 긴장이 잔뜩 묻어났다. 구멍에 제대로 조준한 게 맞는지 손가락으로 더듬어가며 조심스레 식염수를 쏘았다. 밤사이 나나가 조금이나마 먹은 덕인지 고름과 함께 음식물 찌꺼기가 섞여 나왔다. 그리고 뒤이어 썩은 음식물 특유의 역한 냄새가 퍼졌다. 입 안에 이런 것들이 고여 있었다니 얼마나 불편하고 괴로웠을지 상상도 되지 않았다. 그럼에도 나나는 병원에서처럼 발길질도 몸부림도 없이 얌전히 치료를 받아주었다. 하루에 아침, 저녁 두 번씩. 나는 그렇게 나나를 정성껏 돌봤다. 조금이라도 더 아파하는 모습을 보고 싶지 않았다. 그런 나나는 집에 온 지 이틀째 되는 날부터 더 이상 자신의 변을 먹지 않기 시작했다. 맛있는 생초와 간식, 건초를 스스로 입에 대기 시작했고 식변을 먹는 양도 점점 줄어들었다. 그렇게 조금씩, 아주 조금씩. 나나는 스스로를 돌보기 시작했다.

자기표현이 적던 나나도 좋아하는 게 딱 하나 있었다. 바로 바나나 방석이었다. 나나는 바나나 방석을 정말 많이 좋아했다. 멀쩡한 화장실을 두고 오로지 바나나 방석에서만 대소변을 가려 매일같이 손세탁을 해야 했다. 반복되는 손빨래에 지쳐 하루는 바나나 방석을 치워보았는데, 그러자 나나는 하루 종일 소변을 보지 않고 참았다. 그 모습을 보고는 두 손 두 발 다 들고 우리가 졌다며 방석을 다시 넣어주었다. 좋아하는 바나나 방석 위에 있을 때만큼은 나나는 무척 편안해 보였다. 둥지 안 알을 품고 있는 어미 새처럼, 나나는 밥을 먹을 때를 제외하곤 항상 방석 위에 올라가 있었다. 방석이 소변에 젖어 하루에도 두세 번씩 갈아주어야 했다.

나나는 우리 집에 온 뒤 총 세 번의 개방창 수술을 받아야 했다. 상처 부위가 바깥부터 아물어 다시 벌리는 수술을 반복해야 했고, 마지막 수술 후 이틀 동안은 식음을 전폐했다. 집에 돌아온 나나는 우두커니 앉아 고통에 밥도 먹지 않고 정면만 멍하니 응시하고 있었다. 그 모습을 생각하면 지금도 코끝이 시큰거린다. 그 작은 몸으로 큰 수술을 견뎌야 했던 나나에게 미안한 마음, 그리고 조금만 더 견뎌주길 바라는 마음뿐이었다.

나나가 우리 집에 온 지 몇 달 지나지 않은 무더운 여름 어느 날 새벽이었다. '우당탕' 소리에 깜짝 놀라 깨서 보니 나나가 뒤집어진 채 일어서지 못하고 있었다. 어떡하지란 말만 속으로 수십 번을 되뇌었다. 다급한 마음을 추스를 겨를도 없이 급히 동물병원으로 향했다. 한쪽 눈은 위아래로 심하게 흔들리고 있었고, 눈가는 눈물에 촉촉히 젖어 있었다. 나나는 고개를 한쪽으로 돌린 채 몸을 제대로 가누지 못했다. 진료 시작 전에 도착해 대기하고 있었는데, 눈물 콧물로 범벅이 된 내 얼굴을 본 수의사 선생님이 놀라 문을 열어주셨다. 나나를 누운 채 안고 들어가자 선생님은 잠시 살펴보시곤 말했다. 사경의 주요 원인인 원충 감염뇌회백염, E. cunicul 보다는 개방창에 고여 있던 염증이 뇌까지 침투해 내이염으로 인한 뇌손상이 생긴 듯하다고. 그로 인해 사경과 안구진탕Involuntary rhythmic eye movement이 동시에 나타난 것 같다고 설명하셨다. 선생님은 강한 스테로이드제와 항생제, 그리고 혹시 몰라 원충약까지 처방해 주셨다. 정신없는 와중에 선생님은 조심스럽게 말했다. 약을 쓰긴 하지만 상태가 이렇다 보니 예후가 좋지 않아 보인다며, 마음의 준비를 하는 게 좋을 것 같다고 조용히 덧붙이셨다.

나보다도 현재의 몸 상태에 두렵고 혼란스러울 나나를 생각하니 가슴이 미어졌다. 좋아질 리 없다고 생각하면서도 이렇게 급작스럽게 악화될 수 있는지 몰랐고, 혹여나 나나를 돌보는 와중에 소홀하진 않았는지 끊임없이 생각했다. 단 하루도 소독을 게을리 하지 않았다. 손만 케이지 안으로 뻗어도 두려움에 눈을 크게 뜨던 나나가 스트레스를 받을까 봐 소독만 겨우 해주었다.

나나가 좋아하던 바나나 방석에 몸을 일으켜 세워 올려주었다. 그렇지만 내가 손을 놓자마자 나나는 단 1초도 버티지 못하고 데굴데굴 구르기 시작했다. 당황하여 이내 나나를 들어 올리고 안아주었다. 구르면 구를수록 나나의 증상은 악화되는 듯하였다. 고개를 굴러가는 눈을 따라 위아래로 끊임없이 까딱까딱 움직였고, 나나의 한쪽 눈은 여기저기 부딪혀 빨갛게 충혈 되어 있었으며, 눈가에는 눈물이 가득했다. 도대체 널 어떻게 해주면 좋을까? 나나의 눈을 닦아주며 그저 안쓰럽고 미안한 마음에 눈물을 흘릴 수밖에 없었다. 차라리 내가 대신 아팠으면….

토끼 전문용품을 판매하는 '이어크로스 레빗' 사장님에게 연락해 나나가 쓸 만한 방석을 구매했다. 뜻밖에도 사장님은 그날 바로 퀵으로 나나가 쓸 만한 방석을 여러 개 보내주셨다. 정성을 담아 보내주신 방석에 나나의 몸을 뉘였다. 비로소 나나는 구르는 걸 멈추고 편안하게 숨을 쉬었다.

나나와의 시간을 보내며 무엇을 해줘야 나나가 편안한지 하나씩 배우게 되었다. 처음에 30분 간격으로 주던 주사기 물도, 볼급수기를 사용하는 방법을 알려주고 나나의 입이 닿는 곳에 설치해 스스로 갈증이 날 때 물을 마실 수 있게 했다. 몸이 중심을 잃고 구를 때 다치지 않도록 폭신한 방석과 배변패드를 고정했다. 나나는 하루 종일 소변을 참고 있다가 마사지를 해주기 위해 배를 살짝 누르면 무릎에서 소변을 보곤 했지만, 시간이 흐를수록 나나의 엉덩이와 발바닥에 잔뜩 묻던 소변의 양도 줄어들었고 스스로 식변을 먹는 법도 터득했다.

나나가 우리 집에 온 지 1년에 가까운 시간이 흘렀다. 그간 나나의 상태는 좋아지지도, 나빠지지도 않았다. 아주 잠시 나나의 상태가 호전되었던 적이 있다. 쉼 없이 위아래로 움직이던 눈동자의 흔들림이 멈추고, 왼쪽으로 돌아갔던 고개가 조금씩 퍼졌다. 스스로 이동장에서 빠져나와 엎어져 있는 상태로 발견되기도 하더니, 한 발 한 발 조심스럽지만 스스로 걷기도 했다. 나나가 움직이는 연습을 할 수 있도록 작은 공간을 마련했다. 구르면서 식변이 묻지 않도록 옷을 입혀주었다. 보이지 않았던 나나의 왼쪽 눈구멍이 뚜렷하게 보였다. 손가락 끝을 따라 움직이는 고개를 보곤 나나가 앞이 보인다는 걸 확신했다. 정말 기적이 일어났다고 믿었다.

하지만 호전이 된 지 일주일 만에 나나의 상태는 원상복구되었다. 무엇이 잘못됐던 건지 알 수 없었다. 절망적이었다. 나나는 다시 일어나지 않았다. 상태가 다시 악화된 이후론 앞발을 한 번도 떼지 못했다. 나나도 두려웠을 것이다. 발을 떼는 순간 온 세상이 빙글빙글 도는 공포를 느끼게 될 걸 잘 알고 있는 듯했다. 부족한 보호자여서 미안한 마음이었다. 매일같이 나나의 털을 쓸어주고 사랑한다고 속삭였다. 가만히 있어도 괜찮아. 지금도 너무 사랑해.

그런 생각을 자주 하곤 했다. 지금 나나는 행복할까? 나나에게도 물어본다. 나나야, 행복하니? 사경에 걸리기 전 나나는 밖에 나가는 걸 좋아했었다. 선선히 부는 봄바람을 좋아했고, 잔잔히 나는 싱그러운 풀내음을 좋아했다. 나나가 아프고 나선 나가지 못했다. 앞을 보지도 못하는데 무슨 소용일까 싶었다.

유난히 따뜻했던 봄날, 나나를 데리고 산책을 나갔다. 집 안에서 꼼짝도 하지 않던 나나가 한참 웅크리고 있던 몸을 쭉 펴고 앞발을 내딛었다. 앞뒤로 흔들리는 몸을 네 발로 꼿꼿이 지지하며, 한 발, 한 발 앞으로 내딛었다. 마치 온몸으로 바람을 느끼는 듯, 네 발로 일어섰다. 풀내음을 킁킁 맡으며 풀을 조금 뜯어보기도 했다. 나나는 온몸으로 '나 지금 행복해'라 말하고 있었다.

나나의 사경은 아마도 낫지 않을 것이다. 하지만 그렇다고 해서 나나가 불행한 토끼는 아니다. 비록 앞이 보이지 않더라도, 몸을 자유자재로 움직이지 못하더라도 나나는 하루하루에 최선을 다한다. 아침에 내가 눈을 뜨면 이동장 밖으로 고개를 내민다. 바닥에 깔아준 배변패드를 갈아주고 사료를 주기를 기다린다. 목을 부드럽게 마사지해주고 입이 닿지 않는 등을 긁어주면, 허공을 향해 열심히 혓바닥을 날름거리며 그루밍을 하는 시늉을 한다. 이제는 굳이 묻지 않아도 나나의 마음을 알 수 있다.

나나는 우리에게 행복이고, 희망이다. 나나가 우리에게 오게 되어 참 다행이다.

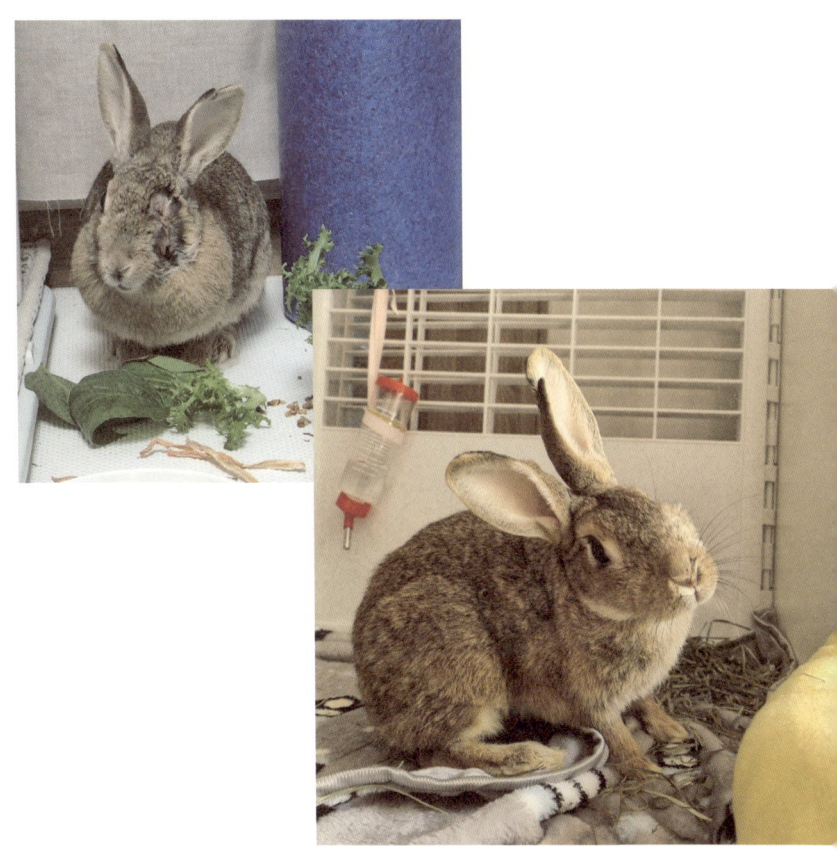

그리고 아롱이와 다롱이

 결국 올림픽 공원의 부부 토끼 아롱이와 다롱이는 우리가 입양하게 되었다. 임시보호 기간이 한 달이 되고, 두 달이 되고, 수개월이 되었으니, 이젠 임시보호라는 말을 쓰는 게 아이들에게 미안할 일이 되고 말았다.

 물론, 처음에는 아롱이와 다롱이가 같이 한곳으로 입양가야 한다는 생각이 확고했다. 아롱이와 다롱이가 공원에서 함께한 세월이 길고 서로를 의지하는 모습이 참 애틋했기에 둘을 따로 입양을 보내는 것은 고려하지 않았다. 하지만 오랜 기다림과 홍보에도 입양 희망자가 나타나지 않자 생각이 바뀔 수밖에 없었다.
 생각을 바꾸고 오래지 않아 아롱이를 입양하고자 하는 사람이 나타났다. 입양자가 거주하던 곳은 지방의 어느 한 지역이었다. 토끼를 키워본 적이 있는지, 현재 토끼가 몇 마리가 있는지 등 기본적인 질문을 하였다. 입양희망자는 토끼를 이미 두 마리 키우고 있다고 말했다. 토끼를 키우는 사람이라고 하니 안심이 되었다. 떠나는 길, 아롱이가 좋아하는 음식과 집에서 사용하던 용품을 바리바리 싸서 KTX 역으로 가 아롱이를 배웅했다. 애교 많던 아롱이가 없는 집이 허전하게 느껴졌지만, 좋은 집에 갔다 생각하니 기뻤다.

하지만 아롱이는 입양 간 지 하루 만에 다시 우리 품에 돌아오게 되었다.

입양 간 날 당일 자정에 가까운 시간, 느닷없이 입양자가 장문의 문자를 보냈다. 아롱이가 다른 토끼와 싸웠는데 이를 말리는 과정에 자신이 아롱이에게 물렸다며, 아롱이가 무서워 더 이상 돌볼 수 없으니 지금 당장 데려가라는 내용의 문자였다. 상처가 심한지 물었지만 본인은 괜찮다며 상처를 보여주지 않았다. 얼마나 크게 물린 건지, 혹은 정말 물린 게 맞는지도 알 수 없었다. 하지만 입양희망자는 이미 아롱이에게 마음이 뜬 상태였다. 그런 사람에게 키우라고 강요할 수는 없었다. 어딘가 여러모로 석연치 않았지만, 굳이 더 묻지 않기로 했다.

다음날, 아롱이는 입양자의 친구를 통해 집으로 돌아왔다. 식탐 많은 아롱이가 웬일인지 반나절은 먹지 않았다. 커다랗던 눈망울도 처져 게슴츠레하게 뜨고 있었다. 도대체 무슨 일이 있었던 걸까, 너무 가슴이 아팠다. 아롱이는 거의 한 달을 제대로 먹지도, 싸지도 않았다. 그리고 예전과 달리 사람을 슬금슬금 피했다. 병원에선 건강에 아무 이상이 없다고 했다. 그러니까 이건 어디까지나 마음의 상처였다. 행복하라고 보낸 곳에서 아롱이는 마음에 큰 상처만 입고 돌아온 것이다. 아롱이와 다롱이에게 같은 마음의 상처를 또 입게 할 수는 없었다. 결국 아롱이와 다롱이가 구조되고 우리 집에 돌아온 지 5개월 만에, 우리는 아롱이와 다롱이를 입양하기로 결심했다.

그렇게 아롱이와 다롱이는 우리 집의 여덟 번째, 아홉 번째 토끼가 되었다.

Chapter 3. 해피엔딩을 위한 준비물

대부분의 사람들이 오해하는 것 중 하나가 토끼의 지능이다. 토끼가 이름도 못 알아듣고, 주인도 알아보지 못할 것이란 믿음이 있다. 하지만 이는 전혀 사실이 아니다. 토끼도 여느 반려동물과 마찬가지로 깊은 교감이 가능하다.

토끼도 잠을 잘 때 꿈을 꾼다는 걸 알고 있는가? 곤히 잠든 채 꿈속에서 맛있는 걸 먹고 있는지 입을 우물거리기도 하고, 드넓은 초원이라도 달리는지 뒷발을 열심히 차기도 한다. 어떤 토끼들은 간단한 트릭도 해낸다. '돌아', '손', '하이파이브' 등 간단한 동작을 익혀 수행할 수 있다. 게다가 자신의 이름을 알아들을 뿐 아니라 집사의 감정을 눈치 채고 자신만의 방식으로 위로를 건네기도 한다.

믿기지 않을 수도 있겠지만, 이건 다 사실이다. 열린 마음으로 토끼의 특성을 이해하고 교감을 이어갈 태도를 보인다면, 토끼도 차츰 당신에게 마음의 문을 열 것이다. 실제로 토끼를 반려동물로 삼은 수많은 집사들의 경험이 이를 증명한다.

호미의 레빗 키스

"호미 얼굴 보고 데려왔어. 진짜 첫눈에 반했거든."

졸업을 앞둔 대학생 상은은 짧은 단발머리에 동그란 안경을 썼다. 토끼만큼 선하고 귀여운 인상이다. 그가 입양한 토끼 '호미'는 바로 다섯 마리의 건강한 새끼를 출산한 십동이었다. 그럼, 대체 십동이는 어쩌다 호미가 된 것일까?

시간을 잠시 거슬러 십동이가 새끼들을 출산했을 때로 돌아가 보자. 당시 상은은 토끼 입양을 고민하던 중에 십동이에 대해 알게 되었다고 한다. 1.4kg 남짓한 작은 체구의 토끼가 다섯 마리나 되는 새끼를 낳았다는 사실에 마음이 오래도록 쓰였다. 하지만 고민만 할 뿐, 선뜻 연락할 용기는 나지 않았다. 어릴 적 '스프링 Spring, 사계절의 봄이라는 의미'이라는 이름의 토끼를 키우다 일찍 떠나보낸 경험이 있었기에, 또 같은 이별을 경험할까 두려웠던 것이다. 그러던 중 우연히 한 커뮤니티에서 글을 하나 접하게 되었다. 누군가 성토成兔를 입양하는 걸 추천하는 글이었다.

"어른 토끼는 인내심이 있고 집사와 함께 맞춰갈 수 있는 친구들이다."

상은은 그 말에 솔깃해졌다. 새끼들을 낳고 건강히 키운 십동이라면, 자신과도 잘 지낼 수 있지 않을까? 그렇게 상은은 십동이를 가족으로 들이기로 결심했다.

십동이를 데려온 뒤, 상은은 아픈 과거를 잊고 새로이 출발하자는 의미에서 '호미'라는 새로운 이름을 지어주었다. 이름을 바꾼 건 호미였지만, 정작 크게 달라진 건 상은의 삶이었다. 방청소를 부지런히 하게 되었고, 새벽에도 눈이 번쩍 떠졌다. 게으름과도 자연스레 작별한 셈이다. 호미가 먹으면 안 되는 걸 잘못 삼킬까 봐 게을리 하던 방도 자주 치우게 되었고, 아침마다 코로 툭툭 치며 상은을 깨우는 호미 덕에 기분 좋은 하루가 일찍 시작됐다. 그렇게 엄마의 잔소리도 점점 줄어들었다. 상은은 매일 새벽같이 일어나 호미부터 챙겼다. 눈을 비벼가며 호미에게 밥을 챙겨주면, 호미는 고맙다는 듯 상은의 손을 살며시 핥았다. 그러곤 이내 쓰다듬어달라는 듯 작은 머리를 들이밀고 눈을 지그시 감았다. 호미에게 더 맛있는 음식을 사주고, 아플 땐 병원에도 데려갈 수 있도록 상은은 열심히 직장을 구했고, 일단 기회가 생기면 망설이지 않고 달려들었다.

호미가 아니었다면, 상은은 지금쯤 현실에 안주한 채 살고 있었을지도 모른다. 하지만 지금은 자신만 바라보고 있는 존재가 있어서 하루하루를 허투루 살 수 없다고 말한다. 주변 사람들도 모두 고개를 끄덕일 정도로, 상은의 삶은 호미가 오기 전과 후로 명확히 나뉘었다.

한 번은 속상한 일이 생겨 상은이 잔뜩 울상이 된 날이 있었다. 바삐 집으로 돌아온 상은은 곧장 방으로 들어갔다. 침대에 드러누워 엉엉 우는 것 말고는 아무 것도 할 수 없을 만큼 우울이 깊어졌다. 그때, 호미가 상은의 얼굴 곁으로 다가왔다. 그러더니 눈물을 흘리는 상은의 입술과 코를 정성스럽게 핥기 시작했다. 바로 이 날이 호미가 처음으로 상은에게 레빗 키스를 해준 날이었다. 마치 상은의 마음을 알고 위로라도 해주려는 듯 호미는 자신의 방식으로 사랑을 표현했다. 말없이 따뜻한 위로를 건네는 호미에게 상은은 따스한 사랑을 느꼈다.

호미에 대해 이야기할 때마다 상은의 눈은 쉴 새 없이 반짝인다. 호미를 바라보는 시선은 그렇게 늘 사랑으로 가득 차 있다. 상은은 말한다.

"특별하게 대해줘야 비로소 나에게도 특별한 존재가 돼요."

호미를 모르는 사람들에게는 그저 흔하디흔한 갈색 토끼일지도 모르지만, 상은이 본 호미는 날개 없는 천사였다.

호미가 아플 때마다 병원에 데려가고, 좋아하는 간식을 주고, 똥과 건초로 너저분한 집을 매일 깨끗이 치워 주고, 애교를 부리는 호미의 머리를 찬찬히 쓰다듬어 주며, 호미는 상은에게 세상에 둘도 없는 아주 특별한 존재가 되었다. 이제 호미가 없는 일상은 상상도 할 수 없게 됐다. 상은이 호미에게 사랑과 정성을 쏟아 부은 만큼 호미도 상은에게 사랑을 주었다.

상은이 호미를 바라보며 말했다.

"처음보다 지금 더 사랑해. 엄마가 너무 사랑해, 호미야."

안 가득 고양이들이 우는 소리와 호기심에 가득 찬 눈으로 다가오는 기세에 아지가 겁에 질려 부엌 싱크대 아래로 숨어버렸다. 아지가 그곳에서 계속 지낼 수는 없었다. 하지만 그렇다고 해서 보호소로 보낼 수도 없는 노릇이었다. 보호소에 들어갔다가 입양을 못 가게 된다면 안락사 될 것이 불 보듯 뻔했기 때문이다. 아지의 구슬픈 눈망울이 잊히지 않았다. 마치 모든 것을 포기한 듯한 표정이 마음을 아프게 했다. 결국 아지를 임시보호하기로 했다.

사람들은 종종 "토끼는 표정이 없다"고 생각한다. 하지만 아지의 까맣고 큰 눈은 슬픔으로 가득 차 있었다. 그 깊고 어두운 눈망울은 모든 희망을 내려놓은 듯했다. 낯선 사람의 손길도 피하지 않았다. 털은 군데군데 엉켜 떡이 져 있었고 피부는 하얀 각질이 덮여 있었다. 우리 집에 왔을 때 아지는 두 번째 파양을 당한 후였다.

아지는 첫 번째 주인과 3년을 살다 파양을 당해 두 번째 집으로 가게 되었다. 새로운 집에서는 아파트 베란다에서 살게 되었다. 겨울엔 춥고, 여름엔 더운 베란다. 결코 토끼가 살 수 없는 환경이다. 미끄러운 타일 위에서 제대로 발을 디디지 못한 아지의 뒷다리는 밖으로 벌어져 있었다. 발톱도 오랜 시간 자르지 않았는지 길게 자라 있었다. 몸 이곳저곳에 방치의 흔적이 역력했다. 전 주인이 먹이던 사료도 넘겨받았다. 토끼전용 육성 사료라 적혀 있던 비닐을 열자 불쾌한 냄새가 코를 찔렀다. 사료에는 정체불명의 펠릿과 옥수수, 귀리 등이 잡다하게 섞여 있었다. 순간 불쾌한 냄새만큼이나 역한 감정이 불끈거렸다.

'이런 쓰레기를 먹였다고?'

그렇게 아지를 데려온 후, 아지에게 편안히 지낼 수 있는 임시 공간을 마련해주었다. 이사를 앞두고 어수선한 집에서 아지가 잘 적응하길 바랐다. 하루하루 지날수록 아지의 눈빛과 몸짓에 생기가 돌아오기 시작했다. 급기야 어느 순간부터는 나와 동현이 집에 돌아오면 철장에 찰싹 달라붙어 애정을 갈구했다. 다행스럽게도 귀여운 생김새의 아지는 우리 집에 온 지 얼마 지나지 않아 입양을 갈 수 있었다.

새로운 집사는 아지의 특이사항들을 꼼꼼히 기록했다. 아지를 잘 돌보겠다고 약속했다. 벌어진 다리도 꾸준히 병원 치료를 받게 하겠다고 했다. 좋은 사람을 만나 드디어 행복해질 수 있겠다고 생각하며 기뻐했다.

새 집으로 간 아지는 금세 적응했다. 집사가 외출할 때면 문 앞까지 따라 나와 마치 조심히 다녀오라고 말하는 것처럼 엎드렸다. 집사와 함께 사는 가족들도 넉살 좋은 아지의 성격과 귀여운 외모에 홀딱 반했다고 한다. 처음에는 처음에는 마음을 열지 않던 할머니조차 아지의 매력에 푹 빠졌다. 아지가 식탁 밑에서 배를 까고 옆으로 길게 누워 있는 모습을 보고 할머니는 미소를 지었다.

안타깝게도 아지가 입양을 가고 얼마 지나지 않아 가벼운 사경을 앓았지만, 그렇다고 해서 아지가 불행하다고는 생각하지 않는다. 오히려 이런 아지를 온 가족이 산에서 각종 나물을 캐다 먹이며 돌봐주었다고 한다. 덕분에 아지는 더 토실토실하고 행복한 토끼가 됐다.

이름처럼 순하고 착한 아지가 오래오래 건강하게 가족과 함께 하기를 바란다.

다섯 가족의 막내둥이

"혜빈아, 큰일 났어. 빨리 케이지 들고 내려와!"

2012년 늦은 여름 어느 날, 집에서 조용히 과제를 하고 있던 혜빈은 엄마의 다급한 전화를 받았다. 케이지라면 혜빈이 햄스터 '치즈'에게 선물해주려고 일주일 전에 아파트 분리수거장에서 주워 깨끗이 닦아둔 크롬 케이지를 말하는 것이다. 자초지종을 묻기도 전에 엄마의 다급한 전화는 끊겼고, 혜빈은 영문도 모른 채 크롬 케이지를 챙겨들고 1층으로 부리나케 달려갔다.

숨을 가쁘게 몰아쉬며 엄마를 찾은 혜빈은 깜짝 놀랐다. 토끼눈을 한 엄마가 정말 살아 있는 토끼를 양손으로 붙잡고 있었다. 토끼는 크게 놀랐는지 네 발을 허공으로 뻥뻥 차며 온몸으로 엄마의 손을 저항하고 있었다. 놀란 마음을 진정시키고, 혜빈은 가져온 크롬 케이지에 급히 토끼를 가두었다.

"엄마, 웬 토끼야? 어디서 찾은 거야?"

한숨을 돌리고서야 혜빈이 엄마에게 물었다. 엄마는 토끼 눈을 뜬 채로 말했다.

"내가 운전하고 들어오는데 자동차 헤드라이트에 토끼가 뒷발로 서 있는 모습이 딱 비치지 뭐니? 정말 동화를 보는 줄 알았어! 그래서 내려서 토끼에게 다가갔는데, 도망도 안 가고 나에게 다가오는 거야! 마침 차에 빵이 있어서 조금 뜯어주니 허겁지겁 먹더라고. 오래 굶었나 싶어서 이대로 두면 굶어 죽겠다 싶어서 잡은 거야."

토끼에 대한 거라곤 어릴 적 오빠들이 산에서 잡은 토끼의 귀를 잡았던 기억이 전부였던 엄마는 혹여나 토끼가 도망갈 새라 귀부터 잡은 것이었다. 혜빈은 여전히 이 상황이 믿기지 않았다. 도대체 아파트 화단에서 어떻게 토끼가 발견된 것인지 도무지 이해가 안갈 뿐이었다. 혜빈은 다시 케이지에 담긴 토끼를 자세히 바라봤다. 예쁜 갈색, 검은색, 하얀색 털이 고루 섞이고, 목덜미엔 사자처럼 멋진 갈기가 난 그 토끼는 정말 사랑스러웠다.

토끼가 어디에서 온 것인지 조사해 볼 겨를도 없었다. 당장 토끼가 뭘 먹는지, 어떻게 키워야 하는지, 인터넷으로 검색하기 바빴다. 햄스터는 키워봤지만 토끼에 대한 지식은 전무 했기에 공부할 것이 많았다. 귀여운 라이언헤드 토끼에게 혜빈은 '둥이'라는 귀여운 이름을 지어주었다. 혜빈은 말한다. 사실 둥이와 만난 그날, 토끼와 끝까지 함께하겠노라 마음먹었다고.

뜻밖에 찾아온 둥이는 그렇게 다섯 가족의 막내로 같이 살게 되었다. 무척 씩씩한 성격과는 달리 둥이는 이곳저곳이 자주 아팠다. 피부 질환으로 한동안 고생해 병원을 자주 가야 했고, 툭하면 배앓이를 했다. 나이가 들고 나서는 치아 문제가 생겨 주기적으로 계속 자라나는 이빨을 잘라주는 트리밍을 해야 했고, 나중에는 치근에 농양이 차올라 뼈가 변형되기도 했다. 통증으로 인해 제대로 된 식사를 하지 못하는 둥이는 날이 갈수록 점점 살이 빠졌다. 잘 먹던 건초도 씹지 못하게 되었고, 살이 쪘다 빠졌다를 반복하며 힘든 시간을 보냈다. 오랜 시간을 아팠던 둥이었지만, 가족들은 둥이가 아플 때마다 의지하는 모습을 보여 웃으며 견딜 수 있었다. 둥이가 지긋이 혜빈의 눈을 바라보며 말을 하듯 눈을 맞출 때마다, 마치 둥이가 고맙다고 말하는 듯했다.

늘 혜빈의 발치에서 잠을 자던 둥이는 늦은 밤 엄마가 귀가해 혜빈의 방을 지날 때마다 부스스 일어나 귀를 쫑긋하며 엄마를 쳐다봤다. 엄마는 그런 둥이를 보고 누나를 지키려고 '망보기'를 한다며 기특하게 바라보곤 했다.

혜빈은 늦게까지 과제에 지쳐 있다가도, 둥이가 침대 위로 폴짝 올라와 코로 툭툭 치며 간식을 달라고 하면 절로 웃게 되었다. 둥이의 그런 모습까지 사랑스러웠다. 하루 종일 있었던 일에 대해 조잘조잘 이야기를 하면 둥이는 마치 혜빈의 말을 알아듣는다는 듯 고개를 끄덕이곤 한다. 힘든 일이 있어도 안 좋은 감정이 둥이에게 혹여나 전달될까 혜빈은 분노도, 슬픔도, 집 안으로 가져오지 않는 습관이 생겼다. 자신의 말을 묵묵히 들어주는 둥이를 보며 혜빈은 자신이 둥이를 키운 게 아니라 되려 둥이가 자신을 키웠다는 생각을 한다. 둥이와 함께 살며 얻게 된 마음의 평안은 혜빈과 가족들에게 행복을 가져왔다. 배 아파 낳지 않았지만, 둥이는 혜빈의 가정에서 막내

노릇을 톡톡히 하고 있었다.

2025년, 13살이 된 둥이는 가족들의 시선엔 아직까지도 응석받이 아기 토끼다. 거동이 어려운 둥이가 혼자 있을 땐 사고가 나진 않을까 해서 온 가족이 교대로 둥이를 돌본다. 잘 걷지 못해 걷다가 넘어져 버둥버둥하는 둥이를 가족들이 혹여나 다치지 않을까 조심스레 일으켜주곤 한다. 그런 가족들의 정성을 알고 둥이 또한 마음 놓고 응석을 부리곤 한다. 이제는 멀리 이사를 했지만, 혜빈은 부모님 집에 있는 둥이를 보기 위해 주말마다 먼 길을 운전한다. 둥이를 같이 데려가려 했던 혜빈이지만, 이제 나이가 많은 둥이는 먼 거리를 이동할 수 없다. 매일같이 둥이를 그리워하며 부모님을 통해 둥이와 영상통화를 할 때면, 둥이는 혜빈의 음성이 나오는 핸드폰을 통화 내내 정성스레 핥아준다.

둥이와 함께했던 순간들을 떠올리는 혜빈의 얼굴에는 따스함이 가득했다. 아픈 둥이를 걱정하며 시간을 보내기보다, 둥이와 함께하는 매 순간에 최선을 다하기를 택했다. 이미 둥이는 혜빈과 가족들에게 토끼, 그 이상이다. 토끼의 모습을 하고 온 막내 동생 둥이는 오늘도 혜빈의 가족들과 시간을 충만하게 채워간다. 둥이가 오래도록 건강하길. 그리고 혜빈과 가족들에게 행복한 추억이 가득하길 기도한다.

15살 할아범 까미와 혜미

"토끼는 몇 년이나 살아요?"

 토끼를 키운다고 말하면 꼭 지나치지 않고 받게 되는 질문이다. 아직까지도 나는 이 질문에 답하는 데 어려움을 겪는다. 10년 전만 하더라도 토끼의 평균 기대수명은 5년이었다. 하지만 시간이 지나면서 토끼에 대한 인식이 개선되고, 올바른 양육 방법이 알려지면서 이제는 기대수명이 10살까지 올라갔다. 이제는 토끼가 10년을 사는 것이 흔한 일이 되었을 뿐 아니라, 그 이상을 사는 토끼들도 많아지고 있다. 이야기를 들은 사람들은 종종 화들짝 놀란다. 개나 고양이만큼, 어쩌면 더 오래 사는 동물이 토끼라니. 믿기 어려운 이야기지만 주변에도 10년 이상을 사는 토끼를 어렵지 않게 찾아볼 수 있다.

예전에는 토끼에게 백내장, 녹내장, 치매, 디스크 같은 노화 관련 질환이 생기는지도 몰랐다. 수명이 늘어나면서 노령 토끼를 돌보는 방법을 익히는 일은 토끼 집사들에게 중요한 과제가 되었다.

까미는 2025년 기준, 평균 기대수명을 다섯 살이나 넘긴 15살의 할아버지 토끼다. 혜미가 2011년에 처음 까미를 데려왔을 때만 해도 이렇게 오래 살 거라고는 상상도 못 했다. 까미는 11살부터 백내장이 서서히 진행되어 지금은 앞을 거의 보지 못한다. 고개가 살짝 돌아갔지만, 귀는 잘 들리고 스스로 잘 걷는다. 앞이 보이지 않아도 청각과 후각이 눈의 역할을 대신해준다.

그러던 어느 날, 까미의 소변에서 슬러지가 보였다. 슬러지는 칼슘을 잘 대사하지 못한 토끼의 방광에 칼슘이 축적되어, 배출되지 못하다가 소변과 함께 한꺼번에 나오는 현상이다. 슬러지가 심해지면 방광에서 굳어져 결석이 되고, 너무 커지면 수술이 필요하다. 한 번 생긴 슬러지는 쉽게 사라지지 않으며 평생 관리가 필요하다.

슬러지를 줄이려면 음수량을 늘리고, 방광이 위아래로 흔들리며 침전된 슬러지를 소변과 함께 배출하도록 도와주어야 한다. 하지만 말을 알아듣지 못하는 토끼에게 아무리 물을 마시라 해도 소용없다.

음수량이 적었던 까미는 매주 수액을 맞아야 했다. 혜미는 우리 집에 와서 나와 함께 까미에게 수액을 맞추기 시작했다. 2023년 가을부터 시작된 까미와의 인연은 지금까지 이어지고 있다. 처음 수액을 맞을 때만 해도 혜미는 까미와의 이별을 조금씩 준비하고 있었다. 급작스럽게 찾아올지 모를 이별을 떠올리며, 까미가 덜 아프기를 바라며 먼 길을 오갔다.

이별을 생각하는 것만으로도 가슴이 먹먹해진다. 일찍이 작별한 나의 토끼 꿍이에 대해 이야기하며 마지막 순간을 말하던 우리는 결국 눈시울을 붉혔다. 차마 말을 잇지 못할 정도로, 이별은 늘 두렵고 아픈 상상이었다.

'이 정도면 오래 잘 살았다. 아니, 아니야. 그래도 조금만
더⋯ 다음 해의 벚꽃을 보고, 첫눈도 함께 보았으면⋯'

그런 마음으로 혜미는 매 순간 까미에게 최선을 다했다.

"까미는 참 좋겠어요. 집사님이 이렇게 지극정성으로 돌보니."
"제가 집에 오면은 씽 가버려요. 마치 제가 없는 것처럼요. 저보다는 제 동생을 더 좋아하는 것 같아요. 그래도 잘 때는 제 곁에 와서 자요."

그 말을 할 때 혜미의 눈가에는 사랑이 잔뜩 담겨 있었다. 어떤 사랑은 말이 필요 없다. 여전히 까만 털에는 윤기가 흐르고, 적지 않은 나이에도 불구하고 까미는 여전히 기력이 넘친다. 그 비결엔 혜미의 사랑이 있다. 윤기 나는 털은 매일 손으로 쓸어준 손길 덕분이고, 여전한 기력은 변화무쌍한 식욕에 맞춰 매번 음식을 찾아준 노력 덕분이다. 소변이나 무른 변을 흘리고 밟지 않도록 매일같이 청소도 놓치지 않는다. 그런 혜미의 정성을 알아주듯 까미는 쓰다듬는 손을 정성스레 핥아준다.

수액을 맞고 까미의 집으로 돌아가는 길에 혜미는 이동장의 문을 살짝 연다. 틈 사이로 고개를 내민 까미는 코와 입으로 바람을 느낀다. 밤바람을 좋아하는 까미를 위한 혜미의 작은 배려다.

까미는 올해도 벚꽃을 볼 수 있게 되었다. 그리고 그다음 해에도, 또 그다음 해에도 혜미와 까미가 오래도록 벚꽃을 함께 볼 수 있기를 기도한다.

-편집자의 덧붙임.
제가 초고를 받은 건 지난 25년 2월이었습니다. 그리고 작업을 위해 속력에 박차를 가할 8월초에 연락을 받았습니다. 이미 지난 7월에 까미가 세상을 떠났다는 소식이었습니다. 부디 이제는 아프지 않은 곳에서 행복하게 뛰놀고 있기를 바랍니다.

소노를 성장시킨 모정

2023년 12월 24일, 크리스마스이브. 소노에게 모정은 마치 선물처럼 찾아왔다. 소노는 지방의 어느 보호소에서 한 달간 머물렀던 회색 토끼를 입양하기로 결심했다. 마침 그날은 크리스마스이브였다.

처음부터 보호소에서 토끼를 데려오려던 것은 아니었다. 작고 앙증맞은 토끼를 선호하던 부모님의 권유로 펫숍을 알아보기도 했다. 그러던 중 한 토끼 커뮤니티에서 소노의 눈길을 끄는 글을 발견했다. 안락사 직전의 토끼를 입양해달라는 간절한 내용이었다. 밝은 회색 털을 지닌 마르고 작은 토끼. 회색을 좋아하던 소노는 그 사진에 시선을 빼앗겼다. 부모님은 토끼가 너무 커질 것 같다며 걱정했지만, 소노의 마음은 이미 회색 토끼에게 향해 있었다.

가족으로 맞이할 토끼를 위해 소노는 미리 많은 공부를 시작했다. 토끼를 키우는 사람들의 영상을 찾아보며 커뮤니티를 통해 정보를 모았다. 질병과 생태, 그리고 아플 때는 어떻게 대처해야 하는 지까지. 모정이 오기 전부터 소노는 철저히 준비하고 있었다.

뼈마디가 저릴 만큼 추웠던 겨울날, 소노는 택시를 타고 외진 곳에 있는 보호소로 향했다. 한 달 가까이 그곳에 머물렀던 회색 토끼는 안락사 직전 소노의 품에 안길 수 있었다. 제대로 먹지 못해 삐쩍 마른 채 가죽만 남은 듯한 몸. 그 모습만으로도 보호소에서의 시간이 어땠는지 충분히 짐작할 수 있었다. 토끼를 품에 안은 순간, 소노의 손가락 끝에 얇은 갈비뼈가 고스란히 느껴졌다. 소노는 그 회색 토끼에게 '모정'이라는 이름을 지어주었다.

모정의 건강이 걱정된 소노는 토끼를 품에 안고 곧장 동물병원으로 향했다. 병원에 도착해 간단한 문진표를 작성한 후, 대기실에서 차례를 기다렸다.

"모정이 보호자님."

잠시 후, 간호사가 소노를 그렇게 불렀다. 처음 지어준 이름으로 보호자라 불리는 순간. 소노는 그제야 자신과 모정이 가족이 되었다는 사실을 실감했다.

간단한 진료를 마치고, 소노는 모정을 집으로 데려왔다. 굶주렸던 시간들을 보상하듯 소노는 먹을 것을 잔뜩 내주었다. 모정은 알팔파 잎을 허겁지겁 먹기 시작했다. 오랜만의 먹거리 앞에서 모정은 정말 쉴 틈 없이 부지런히 먹어댔다. 그 모습을 흐뭇하게 바라보던 소노는 부풀어 오른 배를 보고 잠시 걱정스러운 마음이 들었다. 하지만 왕성한 식욕에 안도하며, 일단 지켜보기로 했다.

늦은 밤, 모정이 갑자기 쓰러졌다. 의식을 잃은 채 아무리 흔들어도 깨어나지 않았다. 눈앞이 캄캄해지며 눈물이 쉴 새 없이 흘렀다. 소노는 모정을 안고 병원으로 향했다. 다행히 가는 길에 모정의 의식이 희미하게 돌아왔다. 새벽녘 병원에 도착한 뒤, 곧바로 수액과 주사를 급히 맞고 엑스레이를 찍었다. 모정의 위장은 음식물로 가득 차 있었다. 소화되지 않은 음식들이 위를 가득 메운 채 저혈당 쇼크를 유발한 것이었다.

응급처치를 받은 직후, 아직 정신이 흐릿한 와중에도 모정은 다시 알팔파 잎을 먹기 시작했다. 배고팠던 기억이 마치 트라우마처럼 남아 있는 듯 모정은 쉬지 않고 계속 먹었다. 아픈 줄도 모르고 오로지 먹는 데에만 집중하는 모정의 모습에 소노는 말없이 안쓰러운 눈길을 보냈다.

"지금 이 상황에서도 먹을 수 있다니, 참 식성이 대단한 토끼야."

다행히 모정은 병원 치료 이후 서서히 안정을 찾았다. 소노의 정성 어린 보살핌 아래 조금씩 건강을 되찾아갔다.

모정과의 동거를 시작하며, 소노는 삶의 많은 부분을 타협하게 되었다. 방 안을 이곳저곳 누비는 모정을 막을 수 있는 방법은 없었다. 소노가 잠시 자리를 비운 사이, 모정은 책상 위로 올라가 간식을 찾으며 값비싼 노트북 전선을 모조리 끊어놓았다. 그 이후로 소노는 책상 위를 사수하기 위해 여러 시도를 했다. 책상으로 오르는 경로를 차단해보고, 책상 위를 응시하며 도약을 준비하는 모정을 향해 큰 소리를 내거나 방바닥을 쳐보기도 했다. 하지만 책상 위 꿀단지는 이미 모정에게 각인된 보물이었다. 그 어떤 방식도 통하지 않았다. 결국 소노는 두 손 두 발을 들 수밖에 없었다. 뿐만 아니라, 털갈이도 문제였다. 토끼의 털갈이는 토끼에게도, 집사에게도 버거운 시기다. 아무리 빗어도, 또 빗어도 끊임없이 흩날리는 털. 그 또한 소노가 모정을 선택하면서 함께 감수해야 하는 부분이었다.

하지만 포기해야 하는 부분만 있던 건 아니었다. 소노는 모정과 함께 살며 반려토끼의 삶과 복지에 대해 점점 더 깊이 고민하게 되었다. 고민이 가시적으로 드러나는 대표적인 부분은 먹거리와 관련 용품이었다. 소노는 토끼 집사로서 해외에서 수입되는 먹거리와 용품을 직접 써보며 장단점을 피부로 느꼈다. 그중에서도 가장 마음에 걸렸던 건 배변판 문제였다. 토끼들이 배변판 위에 남은 소변을 밟아 발이 노랗게 변하고, 심한 경우엔 소변 화상까지 입는 모습을 여러 차례 마주해야 했다.

"이걸 어떻게 하면 해결할 수 있을까?"

소노는 매일 고민에 잠겼다. 기성 제품은 편리했지만, 개선이 절실한 부분도 분명 존재했다. 소노는 토끼의 발에 소변이 닿는 면적을 최소화하는 배변판 구조를 직접 고안했고, 이를 바탕으로 전문토끼용품 브랜드를 창업했다. 남들과 다른 길을 걷는 건 결코 쉬운 결정이 아니었다. 그러나 모정의 존재는 늘 소노에게 용기를 주었다. 오직 자신만을 바라보는 그 시선이 소노가 자신의 길을 찾고 내딛을 수 있도록 북돋워주었다.

모정을 입양하기 전만 해도 소노는 그저 다른 동기들처럼 평범하게 직장을 다닐 거라 생각했었다. 모정의 삶이 소노를 만나 완전히 바뀐 것처럼 소노 또한 모정과의 만남을 통해 삶의 새로운 변화와 열정을 갖게 되었다.
소노는 단호하게 말한다.

"저는 최고의 봉사는 입양이라고 생각해요. 입양을 하면, 적어도 그 토끼의 삶은 완전히 바뀌잖아요. 그리고 그 변화는 입양하는 사람에게도 돌아온다고 생각해요. 저 역시 모정을 분양받았다면, 토끼 복지나 브랜드 창업 같은 건 생각도 못 했을 거예요. 토끼는 10년 이상 사는 동물이잖아요. 입양이나 분양을 결정하기 전에 그 10년 이후까지도 함께할 수 있는지 꼭 한 번쯤은 고민해봤으면 해요."

모정을 만나기 전에는 몰랐던 것들도 많았다고 소노는 고백한다.

"토끼도 감정이 있는 동물이라는 걸, 같이 살다 보면 알게 돼요. 하지만 우리는 그걸 고려하지 않고 이용하잖아요. 가장 많이 동물 실험에 쓰이는 동물이 토끼라는 사실만 봐도 그렇고요. 아직도 동물 실험에 이용되는 토끼 영상을 보면⋯ 미안한 마음에 제대로 볼 수가 없어요. 소비를 아예 안 할 수는 없겠지만, 적어도 줄이는 선택은 할 수 있으니까요."

소노의 토끼 사랑은 모정에게만 머무르지 않았다. 사업의 비전을 구체화해 가는 동안, 소노의 시선은 점점 더 많은 유기토끼들에게 향하게 되었다. 이제 소노의 다음 목표는 반려토끼에 대한 올바른 정보를 나누고, 집사들끼리 서로 소통할 수 있는 토끼전용 커뮤니티를 만드는 일이다. 또한, 새 가족을 기다리는 토끼들의 입양을 홍보하면서, '소변발 탈출 배변판'을 포함한 '토끼 양육 스타터 키트'를 함께 제공하는 것을 꿈꾸고 있다.

소노는 말한다. 입양은 돈을 주고 생명을 사는 일이 아니라, 더 나은 삶으로 연결해주는 선택이라고.

    입양에 대한 긍정적인 인식이 널리 퍼지고, 더 많은 토끼들이 진짜 가족을 만날 수 있기를. 건강한 입양 문화를 만들고자 하는 소노의 따뜻한 꿈을 진심으로 응원한다.

존재만으로도 충만해서

 시골의 작은 마을. 닭, 고양이와 함께 다섯 마리의 토끼를 거느리고 살아가는 한 부부가 있다. 그들은 어떻게 다섯 마리의 토끼를 가족으로 맞게 된 것일까?

 어느 이른 새벽, 부부는 하루를 시작하며 대문을 열었다. 그 순간, 낡고 부식된 갈색 크롬 케이지 하나가 눈앞에 들어왔다. 녹이 잔뜩 슬고, 군데군데 털이 덕지덕지 붙어 있던 케이지가 떡하니 집 앞에 놓여 있었던 것이다. 재활용조차 어려워 보이는 그 안에는 두 마리의 토끼가 들어 있었다. 뜻밖의 만남에 부부는 당황했다. 토끼에 대해 아는 것이 거의 없었기에, 어떻게 해야 할지 막막했다. 아마도 종종 집을 드나들던 손님 중 누군가가 이 토끼들을 몰래 두고 간 듯했다. 아직 앳돼 보이는 두 마리의 토끼는 암컷과 수컷이었다. 그렇게 부부는 뜻밖의 방식으로 첫 토끼를 맞이하게 되었다.

고양이들이 사는 실내에 연약한 토끼를 들일 수 없어 부부는 마당에 작은 공간을 따로 마련했다. 하지만 오래 지나지 않아 수컷 토끼가 죽고, 암컷 토끼만 홀로 남게 되었다. 눈처럼 새하얀 털에 체리빛 붉은 눈을 가진 이 토끼는 '봉키'라는 이름을 얻게 되었다. 곧 봉키는 가슴팍의 털을 숭숭 뽑아내며 산실을 만들고, 구석에서 '붕구'와 '덕미'를 낳았다.

또 다른 인연은 우연히 찾아왔다. 중고 마켓에서 케이지를 구매하려 나갔다가 비좁은 크롬 케이지 안에 갇혀 있던 한 마리 토끼를 보게 된 것이다. 귀가 축 처진 채 마실 물도 없이 무청만 우적우적 먹고 있었다. 그 모습을 바라보는 여집사에게 케이지를 팔던 상인이 말했다.

"서울 아파트에서 사는 손녀가 토끼가 귀엽다고 데려가더니 1년도 채 못 키우고, 더는 못 키우겠다고 해서 시골에 있는 저에게 보냈어요."

상인은 토끼를 마치 짐짝처럼 여기며 '처치 곤란'이라며 데려가라 재촉했다. 세 마리 토끼를 이미 키우고 있던 여집사는 한사코 거절하고 차로 향했다. 그러나 차에 도착한 여집사는 걸음을 멈췄다. 이대로 그냥 떠나면, 토끼는 분명 좋은 꼴은 못 볼 터였다. 짐짝처럼 내몰린 생명에게 무슨 일이 벌어질지 걱정이 앞섰다.

"그래, 다른 건 몰라도 밥은 부족하지 않게 줄 수 있잖아."

그렇게 여집사는 상인에게서 토끼를 받아 집으로 돌아왔다. 새 식구는 덕구라는 이름을 얻었다. 구수한 이름과 달리 덕구는 무척 예민하고 섬세한 토끼였다. 매일 배추나 무청을 먹어 온 덕구는 마음에 들지 않는 건초는 거들떠도 보지 않았다.

입양한 지 얼마 지나지 않아, 귀 아래 목덜미에서 작은 멍울이 만져졌다. 그 멍울은 순식간에 커져, 덕구의 목 한쪽을 뒤덮을 정도가 되었다. 복슬복슬한 갈기 속에 가려졌기에, 발견이 늦은 것이 화근이었다. 부부는 동물병원 수십 군데에 전화를 하며 제발 토끼를 봐 달라고 사정을 했지만 모두 거절당했다. 그러다 마지막으로 통화한 곳에서 한 병원의 수의사를 소개받았다. 토끼를 전문적으로 보지는 않지만, 토끼에 대한 임상을 많이 해보았다는 분이었다. 실낱같은 가능성을 붙들고 그 병원으로 달려갔다.

다행히 병원에서 수술을 하겠다고 동의했고, 덕구는 멍울을 제거하는 수술을 받았다. 그 이후로도 시시때때로 덕구의 몸에는 크고 작은 멍울이 생기고 사라졌다. 어릴 적 유독 힘든 시간을 보냈던 탓이었을까? 덕구는 예민한 기질과 연약한 몸을 가진 토끼가 되었다.

그렇게 봉키, 봉구, 덕미, 덕구 네 마리 토끼와 바쁘고 분주한 일상을 보내던 어느 날, 남집사가 말했다.

"나 오늘 집 앞에서 토끼를 봤다?"
"뭐라고? 토끼? 토끼가 이런 곳에 있을 리가 없잖아."

여집사는 믿지 못했다. 그들의 집은 개발되지 않은 깊숙한 마을에 자리하고 있었고, 주변에 토끼를 키우는 농가나 공장도 전혀 없었기 때문이다. 그저 너구리나 다른 야생동물을 잘못 본 게 아닐까 싶어 남편의 말을 한 귀로 흘려들었다. 그러던 어느 날, 여집사가 집 3층 창문에서 바깥 풍경을 바라보다가 뜰에 나타난 낯선 형체를 발견했다. 개보다는 작고, 담비 같지도 않은 실루엣. 그것은 뜰을 킁킁거리며 폴짝폴짝 뛰고 있었다. 토끼였다. 남편의 말이 맞았던 것이다.

그날 이후, 한 달 가까이 야생 토끼와 부부 사이에 치열한 줄다리기가 시작됐다. 토끼는 사람을 극도로 경계했고, 아무리 맛있는 먹이를 놓아도 좀처럼 가까이 다가오지 않았다. 장마철이 다가오자 부부는 불안해지기 시작했다. 토끼가 비를 견딜 수 있을지 걱정이 되었다. 하지만 근심과 달리 토끼는 장마를 무사히 버텨냈다. 비가 쏟아지면 차 밑에 숨고, 진흙 대신 자갈이 깔린 배수 좋은 땅만 밟고 다녔다.

결국 부부는 대대적인 작전을 세웠다. 넓게 울타리를 두르고, 그 안에 토끼가 좋아하는 먹이를 가득 쌓아두었다. 그 위엔 참새를 잡을 때 쓰는 방식처럼 뜰망을 덮고, 망을 받친 지지대에 긴 끈을 달았다. 멀리서 토끼가 그 안에 들어오기를 숨죽여 기다렸다. 오랜 기다림 끝에 토끼가 먹이에 이끌려 그 안으로 들어왔고, 부부는 타이밍을 놓치지 않고 끈을 확 잡아당겼다. 그렇게 집 밖을 배회하던 마지막 토끼는 부부의 품에 안기게 되었다.

처음에는 토끼를 유기한 사람을 찾으려 했다. 도대체 어떤 사람이 토끼를 이곳에 버린 것일까 궁금했기 때문이다. 하지만 이내 부부는 단념했다. 잡았다고 한들, 그 이후에는 어쩔 것인가? 딱히 뾰족한 답이 없었다. 어쩌면 토끼가 이곳에서 행복하게 살라고 두고 간 것일지도 모른다는 생각이 들었다. 마지막 토끼는 '봉식이'라는 이름을 얻고 가족이 되었다.

다섯 마리의 토끼와 함께 살다 보니 생각지 못한 일도 벌어졌다. 온순해 보이는 겉모습과 달리 토끼에게도 강한 본능이 있었다. 영역 다툼과 서열 확인. 그건 함께 살고 있다고 해서 예외가 아니었다.

어느 날, 잘 지내는 듯 보였던 봉키와 딸 덕미가 사달이 났다. 아직 중성화되지 않은 덕미가 어미 봉키를 물어 크게 다치게 한 것이다. 봉키의 목덜미부터 가슴팍까지 피부가 찢어져 새하얀 털이 검붉은 피로 물들었다. 부부의 품에 안겨 들어온 토끼의 상태를 보고 수의사는 사뭇 진지한 표정으로 말했다. 봉키가 수술 도중 죽을 수도 있다는 이야기였다. 부부는 결연하게 답했다.

"수술을 하지 않으면 이 아이는 무조건 죽을 거예요."

위험을 감수한 수술은 다행히 성공적으로 마무리됐다. 집에 돌아온 봉키는 목과 가슴에 봉합 자국을 안고 있었다. 상처

주변의 피부는 봉합으로 당겨져 우글거리는 주름이 남았다. 부부는 가슴이 먹먹했다. 순식간에 벌어진 일이었다. 그것도 다른 토끼도 아닌, 자신이 배 아파 낳은 딸에게 당한 상처였다. 고통이 짐작조차 어려웠다.

봉키를 크게 다치게 한 덕미를 분리하고, 중성화가 완료된 남매 토끼 봉구가 덕미와 대신 함께 지낼 수 있도록 했다.

쉽게 합사가 된 봉구와 덕미와는 다르게 덕구와 봉식이의 합사는 생각보다 훨씬 어렵고 오래 걸렸다. 부부는 두 토끼가 마음껏 뛸 수 있도록 넓은 공간을 따로 마련해주었다. 혹시나 싸움이 커질까 염려되어 남집사가 아예 그 공간 안에 함께 들어가 두꺼운 용접 장갑을 낀 채 중재에 나섰다. 밤잠도 포기해 가며 하루하루 긴장의 연속이었다. 주변 사람들은 그만 포기하라고 했지만, 부부는 단호했다. 그렇게 한 달 동안, 부부는 손발에 힘이 풀리는 날까지 끊임없이 토끼들의 기싸움과 마주했다. 그리고 마침내, 큰 사고 없이 서열이 정리되었다. 서로를 경계하던 덕구와 봉식이는 어느새 등을 맞대고 누워 있기도 하고, 먼저 다가가 냄새를 맡으며 장난치는 둘도 없는 단짝이 되어 있었다.

이들 부부는 말한다. 토끼는 무언가를 해주지 않아도 그 존재만으로도 감동이라고. 합사가 이루어지고, 아팠던 아이가 다시 밥을 먹는 그 모든 순간이 그들에게는 하나의 기적이었다. 반짝이는 눈빛으로 바라보는 그 시선만으로도 하루를 버틸 힘이 되었다. 뜨겁게 퍼붓는 사랑이 아니어도 곁에서 조용히 주고받는 마음이 얼마나 따뜻할 수 있는지, 말없이 지지하는 관계가 얼마나 단단할 수 있는지, 이 아이들이 몸소 보여주었다. 그래서 부부는 조금도 주저하지 않고 단언한다. 토끼들과의 이 삶이 무엇보다 큰 선물이었다고.

Chapter 4. 이 별에서는 이별하지만
토끼별에서 우리 다시 만나길

언젠가 이별의 순간이 올 것을 알면서도, 우리는 마치 그날이 영원히 오지 않을 것처럼 하루하루를 살아간다. 외출을 했다가 돌아오면 동그란 두 눈을 반짝이며 앞발을 들어 반겨주는 토끼와 함께하는 그 평범한 순간들을 우리는 종종 당연하게 여긴다. 그러다 소중한 존재가 사라지고 나서야, 잃어버린 시간들의 가치를 뒤늦게 깨닫게 된다. 평균 수명이 10년. 짧은 시간을 살아가는 이 작은 생명들은 그 짧은 생애 동안 오직 집사만을 바라보며 함께 살아간다.

조금의 후회도 없다면, 거짓말일 것이다. 하지만 그래도 매 순간을 최선을 다해 사랑했다면, 이별이 주는 아픔도 조금은 덜해지지 않을까. 그렇게 스스로를 다독여 본다. 이번 챕터에서는 토끼별로 떠나간 소중한 존재들을 추억하는 여러 집사들의 이야기를 담았다. 어쩌면 우리 모두에게도 언젠가 찾아올 이별의 순간을 미리 상상해 보고, 조금씩 마음의 준비를 해볼 수 있도록 도움이 되었으면 한다.

사랑했던 만큼 아프겠지만, 그 사랑의 기억이 결국 우리를 다시 살아가게 해줄 것이라 믿는다.

헤어짐이 남긴 것들

 평생 반려동물 없이 살다가 떠나는 이들이 있다. 반대로, 주변에 많은 동물 친구들을 두는 이도 있고, 한 종(種)만 곁에 두는 이도 있다. 태웅은 지금까지 여섯 마리의 토끼와 함께했다.

 태웅의 첫 토끼는 펫샵에서 데려온 '승리'였다. 몇 달도 채 지나지 않아 끔찍한 낙상 사고가 벌어졌다. 당시 태웅은 유학생활을 마치고 귀국한 지 얼마 되지 않아 모든 것이 막막한 상황이었다. 동물병원이 어디 있는지도 몰랐고, 당장 주머니에 돈도 없었다. 결국 아버지를 믿고 귀가를 기다리는 수밖에 없었다.

 그러나 태웅의 아버지는 아들의 다급한 마음을 전혀 이해하지 못했다. 태웅이 발을 동동 구르며 기다리는 동안, 아버지는 저녁 식사를 시작했다. 태웅의 속은 새까맣게 타들어갔다. 한시라도 빨리 병원에 가야 한다는 생각에, 그는 결국 아버지와 크게 다투고 홀로 택시를 잡아 병원으로 향했다. 하지만 병원에 도착한 태웅은 진료비로 써야 할 돈을 택시비로 모두 써버렸다는 사실을 그제야 깨달았다. 그는 눈물과 콧물로 범벅이 되어 엉엉 소리 내어 울었다. 지켜주지 못했다는 죄책감, 돈도 없이 손을 내민 부끄러움, 아버지에 대한 원망까지 뒤엉킨 눈물이었다.

그런 난리를 겪었음에도, 결국 승리는 사고 후 2주간 고통스럽게 버티다 끝내 세상을 떠났다.

태웅은 승리를 잃은 죄책감으로 1년을 보냈다. 보다 못한 친구가 다시 토끼를 선물했지만, 오히려 태웅은 그 친구가 너무 미웠다.

"토끼가 너무 싫었어요. 마트에서 데려온 아이였을 텐데, 그것도 싫었고… 그래도 일단 동물병원에 데려갔어요."

알고 보니 토끼는 태어난 지 2주밖에 되지 않은 새끼였다. 분유를 먹여야 할 정도로 어린 데다 장염에 진드기까지 있었다. 병원에서도 큰 기대는 하지 말라는 말을 들었기에, 태웅은 단단히 마음을 먹었다. 상처는 이미 승리와의 이별로 충분했다. 같은 아픔을 반복하고 싶지 않았다. 태웅이 토끼에게 말했다.

"너가 살아남으려면 살아남아. 나는 너에게 밥과 약을 주겠지만, 정은 주지 않을 거야."

그렇게 시작된 동행은 무려 9년이나 이어졌다. 살아남은 이 토끼의 이름은 '씽씽이'였다. 씽씽이와 태웅은 둘도 없는 친구가 되었다. 미국과 한국을 오가며 공부와 사업을 병행하던 태웅은 장기간 집을 비울 때만 씽씽이를 부모님께 맡기고, 그 외의 시간은 가능한 모두 함께 보냈다.

그러던 어느 날, 태웅이 미국에 머무르던 중 씽씽이가 아프다는 연락을 받았다. 적지 않은 나이의 씽씽이는 이전부터 장정체 증상이 자주 있었지만, 이번에는 무언가 심상치 않아 보인다는 연락이었다. 태웅은 곧장 한국행 비행기를 끊었다.

"제발, 도착할 때까지만 버텨줘."

마음속으로 간절하게 빌었다. 기도하는 동안 미국 공항에서 한국 공항으로, 공항에서 다시 열차로, 열차에서 다시 또 택시로 갈아탔다. 그러고 나서야 겨우 집에 도착할 수 있었다. 정말, 먼 길이었다. 현관 앞에는 씽씽이가 누워 있었다. 태웅이 달려온 그 먼 길을 함께 기다리고 있었던 것이다. 아직 가쁜 숨을 몰아쉬고 있는 씽씽이에게 다가가 눈을 맞추고 인사를 건넸다. 그러자 씽씽이는 드디어 만났다는 듯, 마지막 힘을 다해 태웅을 바라본 후 숨을 거두었다. 씽씽이를 회상하던 태웅의 눈가가 젖어들었다.

"누가 알려주지도 않았는데, 내가 오고 있다는 걸 알고 있었어요."

씽씽이와 이별한 후, 태웅은 일과 군입대로 분주한 시간을 보냈다. 그렇다고 토끼들을 향한 태웅의 사랑이 변한 건 아니었다. 미국에 있는 동안에도 오갈 곳 없던 유기 토끼를 임시보호하며, 새 보금자리를 찾아주기도 했다. 그래서 어쩌면 '금순이'와의 만남도 그의 인생에서 이미 내정되어 있었던 것인지도 모르겠다. 미국의 한 보호 단체를 통해 한국의 임시보호자와 연결하려 했지만, 실수로 다른 임시보호처에 있는 토끼를 맡게 되었는데, 그 아이가 바로 태웅의 세 번째 토끼, '금순이'였다.

2020년 12월, 씽씽이와 헤어진 지 3년이 지났을 때였다. 태웅은 금순이를 품에 안았다. 1.4kg의 작은 몸짓을 가진 금순이. 금순이는 심각한 치아 질환을 앓고 있었다. 언젠가부터 제대로 밥을 먹지 못해 병원에 데려가 보니 치아 상태는 이미 심각하게 망가져 있었다. 주기적인 치아 트리밍이 필요했고, 발치까지 해야 했다. 얼굴 곳곳에 농양 치료를 위한 개방창까지 만들어야 해서 금순이의 몸은 점점 더 쇠약해졌다. 그럼에도 불구하고, 금순이는 밝고 꿋꿋이 살아갔다.

태웅에게는 유독 그런 사연 많은 토끼들이 모여든다. 찬이 역시 기구한 사연을 지닌 안타까운 아이다. 공원에서 구조되어 여러 집을 전전하다 태웅에게 온 가여운 아이. 처음 공원에서 구조된 뒤, 어느 집에 입양되었지만 이사를 갈 때 찬이만 덩그러니 집에 두고 떠났다고 한다. 버려진 찬이는 이곳저곳 임시보호처를 전전하게 되었다. 태웅 역시 처음에는 찬이를 임시보호할 생각으로 데려왔었다. 사람에게 상처를 받았던 찬이는 태웅이 근처에만 가도 잔뜩 긴장해서는 코로 '웅, 웅!' 소리를 내며 경계했다.

찬이를 임시보호하던 중 태웅의 몸에 극심한 알레르기 반응이 나타나기 시작했다. 처음에는 새집 증후군이라 생각했지만, 나중에야 찬이 때문이라는 걸 알게 되었다. 금순이와 함께 했을 땐 없던 알레르기 반응이 찬이와 있으면서 발현된 것이다. 알레르기 반응이 너무 심해져 찬이를 방에 격리시킬 수밖에 없었다. 하지만 그건 근본적인 대안이 아니었다. 태웅의 알레르기 증상은 일상생활이 불가능할 정도로 악화되었다. 더 이상 임시보호가 불가능하겠다는 생각이 들었다. 마지막으로 인사를 하려고 찬이가 있는 방에 들어가 눈을 마주쳤는데, 이상하게도 눈물이 차올랐다. 같이 지낸 시간이 길지도 않았는데, 어째서 애타는 감정이 들끓었을까? 결국 태웅은 찬이를 보내지 못했다. 신기하게도 알레르기는 점차 사라졌다. 금순이 또한 찬이와 만나 둘도 없는 짝이 되었다.

하지만 행복은 짧았다. 금순이의 건강이 점점 더 나빠졌다. 통증을 조금이라도 줄이기 위해 강한 스테로이드를 처방받았다. 건강은 나빠졌지만, 오히려 금순이는 그 어느 때보다 행복해 보였다. 물론, 이런 처방이 해결책이 될 리는 없었다. 약물 덕에 고통을 잠시 잊고 지낼 수 있었던 것일 뿐. 결국 금순이는 쓰러지고 말았다. 태웅은 금순이의 시간이 이제 얼마 남지 않았음을 직감했다. 그날부터 태웅은 단 하루도 집을 비우지 못했다. 집을 비우는 순간 금순이가 떠날까 두려웠다. 그런 태웅이 안쓰러워서였을까? 금순이는 쓰러진 이후에도 일주일이나 버텼다.

그리고 어느 날이었다. 어딘가에서 목소리가 들렸다.

'이제 괜찮아.'

태웅은 문을 열고 나가서 발길이 닿는 대로 걸었다. 터벅터벅 들어간 마트에서 토끼를 보았다. 작은 철창 안에서 바닥에 깔린 톱밥을 씹고 있던 아기 토끼에게는 마실 물도, 먹을 것도 없었다. 태웅은 마트 상인에게 항의했다.

"토끼에게 왜 물도 밥도 안 주시나요?"

상인은 물을 주면 토끼가 설사를 한다고 했다. 태웅은 곧장 집으로 달려가 토끼를 위한 건초와 먹을 것을 챙겨 다시 상인을 찾았다.

"토끼에게 밥 안 주고 물 안 주시는 거, 이제 법 바뀌어서 다 불법이에요. 방치하는 것도 학대에요. 애한테 물과 밥만 좀 주게 해주세요."

이 모습을 본 상인은 태웅에게 거친 욕설을 하며 소리를 지르기 시작했다.

"왜 남의 사업장에 들어와서 난리야! 당신 뭐야, 신고할 테면 해봐!"

씩씩대던 상인는 어디선가 커다란 비닐봉투를 가져왔다. 유리창 문을 열어 갑자기 연약한 토끼를 움켜잡았다. 그리고는 비닐봉지 안에 토끼를 내동댕이쳤다. 태웅은 돈을 지불할 테니 토끼를 자신에게 달라고 간청했다. 돈을 준다는 말에 상인은 잠잠히 태웅에게 토끼를 건넸다. 태웅은 작은 토끼를 품에 안고 집으로 돌아왔다.

금순이는 아기 토끼가 집에 온 지 얼마 지나지 않아 바로 숨을 거뒀다. 일주일 내내 눈물이 흘러서였을까, 금순이가 떠나는 그 순간엔 눈물이 나오지 않았다. 금순이를 보내주기 위해 마지막으로 그녀의 몸 이곳저곳을 닦아주었다. 그제야 금순이가 떠났다는 사실이 실감났다.

'정말 몰골이 말이 아니구나. 그동안 얼마나 아팠을까.'

말라버린 줄 알았던 눈물이 다시 흘러나왔다. 태웅은 그 순간을 어제 일처럼 생생히 기억하고 있다. 그의 목소리는 떨렸고, 눈가에는 눈물이 고였다.

"더 이야기하면 눈물이 나올 것 같아요."

일주일 내내 누워 숨만 쉬던 금순이가 아기 토끼가 집에 오고 얼마 지나지 않아 토끼별로 떠난 것은 단순한 우연일까? 금순이는 아기 토끼를 확인한 후 마치 안도하듯 평온하게 눈을 감았다. 그 마지막 숨결은 긴 여운을 남겼다. 밥도 물도 마시지 않은 채 눈물만 흘리며 금순이를 붙잡고 있던 태웅이었다. 그런 태웅에게 새 생명이 찾아온 것을 확인한 뒤에야, 금순이는 비로소 발을 뗀 것처럼 그렇게 떠났다.

금순이가 없는 세상.
태웅은 금순이가 떠나면 찬이가 마지막 가족이 될 거라고 생각했었다. 아픈 모습을 지켜보는 일이 너무 괴로웠기 때문에 다시는 토끼를 키우지 않겠다고 굳게 다짐했었던 터였다.

그렇지만 지금 태웅의 곁에는 찬이와 마트에서 데려온 아기 토끼 '새해'가 있다. 찬이는 아직 새해를 받아들이지 못했지만, 조금씩, 아주 조금씩 마음의 문을 열고 있다. 이제는 그런 과정조차 적당한 소란이 되어 일상으로 흐르고 있는 중이다. 그리고 여전히 흘러가는 일상 사이, 사이에, 금순이가 있다. 금순이와의 순간들이 있다.

금순이와의 추억을 다시 떠올리며, 태웅은 조용히 웃었다. 얼마 전까지만 해도 아팠던 기억들뿐이었는데, 이제는 함께해서 좋았던 순간들이 더 많이 떠오른다.

"금순이가 잘 때는 꼭 제 방에 들어와서 자곤 했어요. 한번은 저녁밥을 먹고 너무 피곤해서 거실에서 잠들었는데, 자다가 깨 보니 금순이가 제 옆에 꼭 붙어 자고 있더라고요. 그날이 가장 많이 떠올라요."

냉장고 문을 열 때마다 뛰어오던 모습, 배 위에 올라타 놀던 모습. 그 모든 순간이 선명했다.

"토끼들을 만나고 나서 사후세계를 믿게 됐어요. 이별보다 더 큰 사랑을, 이 작은 생명들에게서 배웠거든요."

예전에는 동물과 교감한다는 걸 불가능하다고 생각했지만, 이제는 어디선가 고통 받고, 밥을 굶거나 학대당하는 동물을 보면, 마치 나와 같은 누군가가 고통 받고 있는 것처럼 느껴진다고 한다.

그런 태웅은 굳게 믿고 있는 중이다. 먼 훗날, 먼저 떠난 토끼들이 반짝이는 눈으로 자신을 마중 나와 줄 거라고.

그날이 찾아올 때까지

한희와 토끼의 인연은 '행복이'라는 이름의 작은 토끼를 만난 날로 거슬러 올라간다. 행복이는 '마트 토끼'였다. 당시만 해도 마트에서 판매되는 토끼들의 비윤리적인 공급 시스템이 지금처럼 널리 알려지지 않았던 시절. 동물을 좋아하던 한희는 마트 한쪽에 전시된 토끼를 보자마자 첫눈에 마음을 빼앗겼다. 하지만 귀엽다는 감정만으로는 생명을 책임질 수 없다는 생각에 그저 유리벽 너머로 조심스레 인사를 건넬 뿐이었다.

시간이 흘렀다. 하루, 이틀, 그리고 2주. 토끼는 여전히 그 자리에 있었다. 그리고 시간이 흐를수록 생기가 사라져가는 작은 토끼를 보며, 한희는 깊은 고민에 빠졌다. 결국 지쳐 보이는 토끼를 외면할 수 없어 그는 이 토끼를 데려가기로 결심했다. 직원은 작은 케이지와 톱밥 베딩, 싸구려 사료, 그리고 토끼가 의지하던 나무 은신처까지 '덤'이라며 건넸다. 토끼의 작은 귀를 휙 잡아 올린 직원에게서 토끼를 건네받아 한희는 조심스럽게 품에 안았다. 그리고 앞으로 함께할 행복한 시간을 꿈꾸며 토끼에게 '행복이'라는 이름을 지어주었다.

하지만 행복이는 집에 온 지 고작 세 시간 만에 세상을 떠났다. 무언가 손을 써보기도 전에, 그렇게 빠르게, 조용히 숨을 거두었다. 한희는 행복이의 죽음을 이해할 수 없었다. 작은 몸을 쓰다듬으며 어쩔 줄 몰라 혼란스러운 마음을 달랠 뿐이었다. 나중에야 알게 되었다. 비위생적인 환경, 불규칙한 식사, 매일 이어지는 소음과 좁은 공간에서 오는 극심한 스트레스. 그리고 어미젖도 떼지 못한 채 너무 일찍 세상에 나온 약한 몸. 행복이는 그렇게 충분히 사랑받아보지도 못한 채 짧은 생을 마감했다.

이후 한희는 '튼튼이'와 '기쁨이'를 만났다. 튼튼이는 병약했지만, 다행히 꾸준한 치료와 정성 어린 보살핌 아래 조금씩 건강을 되찾아갔다. 그 모습을 본 한희는 튼튼이의 짝꿍을 찾아주고 싶어졌다. 마침 아기 토끼들의 입양 공고를 보게 되었다. 입양처가 모두 정해진 아기 토끼들 중 어디에도 입양되지 못하고 남아 있던 한 아기 토끼가 한희의 마음에 걸렸다. 그게 기쁨이었다.

여전히 1년차 초보 집사였던 한희에게는 합사의 어려움이나, 두 마리를 키운다는 책임감 같은 건 조금 뜬구름 같은 이야기였다. 그만큼 실감이 나지 않았다. 덕분에 한희는 일을 쉽게 저지르고 말았다. 일단 아기 토끼를 집으로 데려오고 본 것이다. 하지만 한희의 바람과는 달리, 튼튼이와 기쁨이는 합사에 실패하고 말았다. 결국 두 토끼는 서로 다른 공간에서 각각 따로 지내야 했다.

튼튼이와 기쁨이를 시작으로 한희의 삶에도 토끼들이 꼬여들기 시작했다. 운전을 하던 중 길가 덤프트럭 밑에 숨어 있던 두 마리의 토끼들을 우연히 발견한 것이다. 한눈에 봐도 위험한 환경에서 아슬아슬하게 살아가고 있는 토끼들을 그냥 두고 갈 순 없었다. 급히 토끼 집사 친구들에게 도움을 요청해 며칠에 걸쳐 힘겹게 구조를 시도했다. 어렵사리 구조한 두 마리 토끼의 이름은 아버지의 고향에 있는 두 산의 이름을 따서 '월랑이'와 '태청이'로 지었다.

채 몸을 추스르기도 전에, 덩치가 작던 월랑이가 털을 뽑아

산실을 만들기 시작하더니 네 마리의 토끼를 낳았다. 오랜 길바닥 생활로 약해진 몸에 출산까지 한 월랑이의 상태가 걱정됐지만, 방금 출산을 마친 토끼를 치료할 수는 없었고, 수유 중이었기에 무턱대고 약물 치료를 할 수도 없었다. 한희는 월랑이와 새끼들, 그리고 태청이를 조심스럽게 돌봤다.

월랑이의 새끼들은 무사히 자라 모두 입양을 갔지만, 월랑이와 태청이는 여전히 건강이 좋지 않았다. 결국 한희는 두 마리의 토끼를 자신이 직접 돌보기로 결심했다. 네 마리의 토끼를 책임지기 위해 더 넓은 집으로 이사해야 했고, 삶의 많은 부분을 조정해야 했지만, 한희는 단 한 번도 자신의 선택을 후회하지 않았다.

부모 토끼인 월랑이와 태청이, 그리고 기쁨이가 세상을 떠난 후, 현재는 뚠빵이가 한희와 함께 살고 있다. 입가에 까만 점이 콕 박힌 뚠빵이는 입양 간 네 마리의 새끼 중 유일하게 살아남은 토끼였다. 뚠빵이를 데려갔던 집사가 피치 못할 사정으로 더 이상 키울 수 없게 되자, 한희는 주저 없이 뚠빵이를 거두었다.

한희는 함께한 모든 토끼들의 마지막을 곁에서 지켜보았다. 행복이의 급작스러운 죽음 앞에서는 '왜'라는 물음이 가득했고, 오랜 길바닥 생활 끝에 힘겹게 떠난 월랑이에게는 '고생했다'며 토닥였다. 큰 수술 후 회복 중이던 기쁨이에게는 '가지 말라'며 애원했고, 뒤이어 떠난 튼튼이에게는 '고맙다'고 속삭였다. 마지막으로, 오랜 투병 끝에 태청이를 보내면서는 '기특하다'는 말을 해주었다.

토끼들과의 만남과 이별을 반복하며, 한희는 점점 더 단단해지고 성숙해졌다.

"마지막 순간에 미련이 남지 않도록 매 순간 최선을 다하는 것. 그게 나의 다짐이었어요."

토끼들과 함께한 20대와 30대, 그 하루하루는 한희를 성장시켰고 더 뜨거운 마음으로 살아가게 했다. 한희가 임시보호를 하고 입양을 보낸 토끼들 중에는 새 집사의 부주의로 세상을 떠난 아이들도 있었다. 아무리 꼼꼼히 알아보았더라도 토끼들이 세상을 떠났다는 사실은 한희의 마음을 괴롭혔다. 토끼들이 마치 자신 때문에 죽게 된 것 같다는 죄책감과 무거운 책임감이 그를 눌렀다.

한희는 토끼를 키우며 깨달았다고 한다. 오갈 곳 없는 생명에게 손을 내미는 일은 분명 소중하지만, 그만큼 깊은 책임감이 따르는 일이라는 걸. 길에서 구조된 월랑이와 태청이는 이미 다섯 살이 넘은 노령 토끼들이었고, 수많은 병과 부상, 상처를 지니고 있었다. 한희는 기꺼이 그 긴 투병의 길을 함께 걸었다. 매일 농양을 소독하고, 상처를 관리하며, 그 과정에서 수천만 원에 이르는 치료비를 감당했다.

그럼에도 그는 단 하루도 포기하지 않았다.

"입양을 고민한다면, 건강 상태와 특성을 확인할 수 있는
구조 토끼를 입양하세요. 감정만으로는 생명을 책임질 수
없습니다."

단지 귀엽다고, 불쌍하다고 데려왔다가 버려지는 토끼들이 세상에 너무 많기에. 그리고 구조와 돌봄의 과정을 온몸으로 겪어낸 사람이기에, 그의 조언은 더욱 현실적으로 다가온다. 토끼는 결코 '키우기 쉬운 동물'이 아니다. 발정기에는 전선을 물어뜯고, 벽지를 갉고, 때로는 사람을 물기도 한다. 또한, 토끼가 급작스럽게 아플 때에는 큰 병원비가 필요하다. 가벼운 마음으로 토끼를 데려온다면, 결국 그 끝은 유기라는 비극으

로 이어질 수 있다.

 오랜 시간 여러 토끼들과 함께한 한희가 느꼈을 고통을 우리는 그저 상상할 수밖에 없다. 그럼에도 한희는 덤덤하게 말한다. 이별 끝에는 고통만이 남는 게 아니라고. 그 긴 시간을 사랑하고 함께 웃고 울었던 기억이 남는다고. 어두운 집에 불을 켰을 때, 반짝이는 두 눈으로 자신을 맞아주던 토끼들을 떠올리며 오늘도 한희는 뚠빵이와 함께 최선을 다해 살아간다.
 그리고 먼 훗날, 그리운 토끼들과 다시 만날 그날을 조용히 기다리고 있다.

부서진 다리로 다녀간 천사

솜이맘은 자신의 토끼 라운이를 '날개 없는 천사'라고 부른다. 처음 보는 사람에게도 턱질을 슥슥 하고, 품에 안기는 라운이는 말 그대로 천사 같은 '개토'였다.

라운이는 공원에서 발견된 토끼다. 밝은 하얀색 털에 약간의 회색이 섞여 있는 커다란 목도리. 통통한 배가 마냥 귀여운 까만 눈망울의 라운이는 시민들의 시선을 단번에 사로잡았다. 그런데 가까이 다가오는 사람들에게 고개를 들고 열심히 눈을 맞추던 라운이의 뒷다리가 이상했다. 한쪽 다리를 살짝 들고 절뚝이는 불안한 모습. 공원에 그냥 두면 안 되겠다는 생각이 들었다. 다음 날, 정밀 검사를 위해 라운이를 데리고 병원으로 향했다.

아니나 다를까, 라운이의 한쪽 뒷다리는 골절된 상태였다.

복합 골절에 부상 이후 시간이 너무 많이 흘러 뒷발의 뼈가 일부 녹아내린 심각한 상태였다. 당장 수술이 시급해 보였다. 염증 수치 확인과 보다 정밀한 진단을 위해 병원에 며칠간 입원한 후, 수술을 진행했다. 철심으로 다리를 고정하고, 붕대를 감았다. 뼈가 녹아내린 부분도 함께 치료해야 했다.

긴 치료에도 라운이는 씩씩하게 잘 견뎠다. 수백만 원에 이르던 병원비는 공원에서 토끼를 돌보던 사람들을 비롯한 많은 이들의 후원으로 충당할 수 있었다. 동물병원에서도 라운이의 딱한 사정을 듣고는 치료에 필요한 최소한의 금액만 받았다.

만약 라운이가 발견됐던 그날 솜이맘이 데려오지 않았더라면, 라운이는 살아남지 못했을지도 모른다. 온갖 위험이 도사리는 공원에서, 걷지 못하는 토끼는 단 하루도 버티기 어렵다. 게다가 개나 고양이를 보고도 경계하지 않던 성격 탓에 더 위험했을 수도 있다.

다리가 완치된 라운이는 이후 솜이맘의 집에서 행복하게 지낼 수 있었다. 워낙 싹싹하고 붙임성이 좋은 덕에 사람은 물론이고 다른 토끼들에게도 곧잘 다가갔다. 솜이맘에게도 마치 감사함을 표하듯, 라운이는 솜이맘을 정성스레 핥아주며 그의 하루를 위로해주는 든든한 가족이 되었다.

 다친 라운이를 돌보는 솜이맘의 마음은 그리 편치 않았다. 라운이가 귀여운 만큼, 안쓰러웠기 때문이다. 하지만 시간을 되돌린다 해도 다시 똑같은 선택을 할 것이다. 담담하게 이야기하던 솜이맘의 목소리엔 따뜻함이 묻어났다.

 비록 지금은 라운이가 곁에 없지만, 솜이맘은 여전히 라운이를 매일같이 떠올린다. 이제는 라운이가 천사가 되어 하늘에서 솜이맘과 토끼들을 지켜보고 있을 것이다.

나의 두 번째 토끼, 꿍이

  2015년 12월의 어느 날, 눈이 펑펑 내리던 그해 들어 가장 추웠던 날이었다. 어린 시절 키웠던 미미를 추억하며, 다시 한 번 토끼와 함께하는 삶을 꿈꾸고 있을 때였다. 당시 나는 가입했던 토끼 커뮤니티에서 우연히 '한 달 된 아기 토끼 입양 보냅니다'라는 글을 보게 되었다. 그렇게 렉스 토끼 '꿍이'는 나에게로 왔다.

  똘망똘망한 까만 눈에 작고 귀여운 얼굴. 꼬불거리는 하얀 수염을 가진 밝은 갈색 털의 아기 토끼, 꿍이. 게시판 작성자는 직장 생활이 너무 바빠져 꿍이를 제대로 돌볼 수 없게 되었다고 했다. 꿍이에게 미안한 마음이 들어 어렵게 선택한 입양이라는 말에, 나는 조금도 망설이지 않고 댓글을 달았다.

"제가 입양하고 싶습니다."

 사람들 보는 눈은 다 똑같다. 수십 명이 앞다투어 꿍이를 입양하고 싶다며 댓글을 달기 시작했다. 나는 간절한 마음을 담아 키보드를 꾹꾹 눌렀다. 학생이라 집에 머무는 시간이 많아 정성스레 돌볼 수 있다고 작성자를 설득했다. 그 마음이 통했는지 꿍이는 결국 내 품에 오게 되었다.

 택시를 타고 꿍이를 데리러 간 날, 건네받은 깃털만큼 가벼운 신발 상자 속에 꿍이가 있었다. 상자 안은 숨소리조차 들리지 않아 토끼가 괜찮은 걸까 불안했지만, 집에 도착해 조심스레 상자를 여니 작은 귀 한 쌍이 쫑긋하며 상자 밖으로 튀어나왔다. 작고 반짝이는 까만 두 눈으로 나를 바라보는 꿍이를 본 순간, 숨이 멎을 만큼 사랑스러웠다. 잘못 만지면 부서질까 두려워 일주일 동안은 곁에 가지도 못했다. 멀리서 바라보기만 해도 너무 행복했고, 가슴이 뛰었다. 이렇게 작고 사랑스러운 존재가 나의 토끼라니!
 '꿍이'라는 이름은 전 주인이 지어준 그대로 남기기로 했다. 전 주인은 작은 메모에 꿍이와의 약속을 예쁘게 적어 함께 보내주었다.

꿍이와의 약속
무릎을 톡톡 치거나 꿇기만 해도 올라온다.
간식 펠렛 1알씩
〈간식 통에 담아 아침 10알 / 저녁 15알은 영양보충식으로 꼭! 주기〉
손이나 손목을 핥아준다.
쓰다듬어준다. 미간에 뽀뽀도 몇 번 해주세요!
손바닥 쪽 약지부터으로 귀 부분을 지긋이 누르면
바짝 엎드리며 눈을 편하게 반쯤 뜹니다. 엄지로 슥슥~

그 외에도 같이 전달한 용품 품목을 상세히 적은 종이도 함께 받았다. 아기 토끼에게 꼭 필요한 알팔파 잎과 사료 등이 꼼꼼히 적힌 노트에는 꿍이를 향한 깊은 애정과 미안함이 고스란히 담겨 있었다. 나는 꿍이를 부족함 없이 사랑하겠다고 다짐했다.

수업이 없는 시간마다 꿍이 곁으로 달려갔다. 매일 꿍이를 바라보는 것만으로도 세상 무엇과도 바꿀 수 없는 행복을 느꼈다. 꿍이는 무럭무럭 자라났다. 때로는 이것저것 물어뜯기도 했고, 먼지가 수북한 침대 밑으로 기어들어 가기도 했다.

꿍이가 들어가는 걸 막기 위해 침대 밑에 짧은 핑크색 강아지용 펜스를 둘렀다. 그리고 전선을 숨기며 꿍이가 다치지 않게 온 집안을 정비했다.

철없던 나는 꿍이가 물건을 물어뜯을 때 소리를 지르기도 했지만, 꿍이의 똘망똘망한 눈을 보면 모든 짜증이 녹아내렸다. 어떤 날은 싸운 뒤 울고 있는 나에게, 또 어떤 날은 상처받은 나에게, 꿍이는 머리를 들이밀며 나를 위로해주었다.

그런 꿍이는 내 빛이었고, 살아갈 이유였다. 꿍이는 나의 20대를 함께 걸어준 존재였다. 대학교 졸업과 취직, 그리고 두 번의 이사. 이사를 할 때마다 나는 언제나 꿍이가 지낼 공간을 가장 먼저 마련했다. 어디로 가든 꿍이가 가장 편안하기를 바랐다.

친구들은 그런 나를 '꿍맘'이라고 불렀다. 꿍이 없는 나는 상상할 수 없었다. 엄마는 꿍이 털이 날린다며 질겁하면서도 모색이 참 예쁘다며 칭찬을 아끼지 않았다. 이른 새벽, 아빠가 가족들 몰래 예쁘게 깐 사과를 투박한 손으로 꿍이에게 주며 흐뭇한 미소를 짓는 모습을 보았다. 아빠가 거실 쇼파에 누워서 자고 있을 때, 꿍이는 아빠 배 위로 폴짝 올라가 한참을 쓰다듬을 받았다. 감정 표현에 유독 서투른 아빠였지만 꿍이를 볼 때는 세상에서 가장 따뜻한 미소를 지었다. "아이구, 아이구" 하면서도 꿍이를 품에 안고 흐뭇하게 웃는 아빠의 모습이 잊히지 않는다. 꿍이는 모두의 사랑을 한 몸에 받았던 아이다.

꿍이와의 추억은 참 많다. 꿍이는 쓰레기통을 뒤지는 것을 유난히 좋아했다. 바나나 껍질이 든 쓰레기통을 뒤지곤 했는데, 뒤늦게 그 모습을 발견하고 소리를 지르면 껍질을 문 채 자기 집으로 후다닥 뛰어가곤 했다. 하필이면 그날은 꿍이와 함께 동현을 만나는 날이었는데, 동현은 꿍이를 안고 냄새를 킁킁 맡더니 "정수리에서 쓰레기통 냄새가 난다"고 말했다.

냄새, 아, 그리운 꿍이의 냄새. 당연한 말이지만, 그런 얄궂은 짓을 하지 않는 평소에는 꿍이에게서 늘 기분 좋은 향이 났다. 그건 마치 달달한 비누향과 같았다. 달콤한 과일을 참 좋아하던 꿍이는 바나나, 사과, 수박 같은 제철 과일을 다양하게 먹었다. 늘 아팠던 꿍이를 위해 먹고 싶어 하는 건 가리지 않고 다 줬기에, 꿍이에게는 항상 향긋한 과일향이 배어 있었다.

꿍이와 마지막으로 함께했던 겨울의 어느 날이 떠오른다. 하늘에서 펑펑 쏟아지던 눈을 헤치며 꿍이를 품에 꼭 안고 함께 새하얀 세상을 바라봤다.

"꿍이를 처음 만난 날도 이렇게 눈이 많이 왔었지."

꿍이와 함께 했던 그 순간이 달빛에 반사되는 눈보다도 더 하얗게 느껴졌다. 그만큼 우리가 함께 보낸 날들은 모두 하나같이 눈부신 날들이었다.

생각해보면, 꿍이는 항상 아팠었다. 꿍이는 선천적으로 하악에 두 개의 치아가 없이 태어났다. 꿍이의 치아를 본 수의사는 평생 트리밍을 해주며 관리해야 한다는 청천벽력 같은 말을 남겼다. 나는 꿍이의 이갈이를 걱정했고, 꿍이를 위해 병원을 수없이 다녔다. 그런 노력에도 불구하고 꿍이는 점점 말라갔다. 나중에는 등가죽만 보일 정도로 여위었지만, 병원에서도 딱히 원인을 찾지 못했다. 통통하던 어릴 적 모습은 사라지고, 깃털같이 가벼운 몸으로 살아갔다. 갈비뼈가 드러나고, 뒷다리와 이어지는 엉덩이뼈는 앙상해졌다. 설상가상으로 간수치도 비정상적으로 높아 약을 계속 복용해야만 했다. 그럼에도 꿍이는 나에게 여전히 사랑스러운 토끼였다.

2022년, 꿍이가 일곱 살이던 해. 나에겐 가장 바쁘고 힘든 한 해였다. 일에 쫓기며 점점 꿍이와 보내는 시간이 줄어들었다. 일이 끝난 늦은 새벽, 겨우 꿍이의 화장실을 치우고 밥을 채우며 두어 번 쓰다듬은 뒤 바로 잠에 들었다.

그리고 어느 늦은 밤, 꿍이는 조용히 쓰러졌다. 급히 병원을 알아봤지만 이미 진료가 끝난 시간이었고, 문을 연 병원을 찾을 수 없었다. 꿍이는 내 품 안에서 조용히 마지막 숨을 거두었다.

나는 꿍이를 끌어안고 밤새 울었다. 꿍이가 떠났다는 사실이 믿기지 않았다. 이제 겨우 일곱 살이었는데, 어떻게 이렇게 갑작스럽게 떠날 수 있었을까. 끊임없이 울부짖다 지쳐 눈을 감았다. 언제 잠들었는지도 몰랐다. 아침이 되어 꿍이를 안아 올렸다. 밤새 꿍이의 몸은 차갑게 굳어 있었다. 눈은 반쯤 떠진 채 감기지 않았고, 과일향이 나던 꿍이의 몸에서는 생전 맡아본 적 없는 불쾌한 냄새가 피어났다. 꿍이의 부드러운 털을 닳도록 쓰다듬었다.

부모님 댁으로 내려가 꿍이의 장례를 치렀다. 바닥에 주저앉아 끊임없이 꿍이를 부르며, 용서를 구했다.

"미안해, 또 미안해, 내가 다 잘못했어."

꿍이는 내가 혼자 키운 토끼였다. 그래서 꿍이를 함께 추억해 줄 사람이 없었다. 그 슬픔은 나만의 것이었기에 더 깊고 아팠다. 아빠만이 나를 꼭 안아주며 말했다.

"괜찮아. 다음에 또 만날 수 있을 거야."

가는 길이 외롭지 않도록 꿍이의 담요와 좋아하던 바나나, 사과를 함께 보내주었다. 고작 그게 남은 내가 해줄 수 있는 전부였다.

철없던 시절에는 그렇게 생각했었다. 동물이 죽었다고 해서 그렇게까지 슬퍼할 필요가 있을까? 몇 년이 지나도 잊지 못하고 유골함을 집에 두는 사람들을 이해할 수 없었다. 심지어 인터넷에 반려동물의 죽음을 영상이나 사진으로 공유하는 사람들을 보며, 마음속으로 손가락질했던 적도 있다. 하지만 지금은 안다. 그때의 내가 얼마나 무지했는지를. 오죽하면, 그렇게까지 했겠는지를. 막상 내가 그 입장이 되고 나니, 그들의 마음이 절절히 이해되었다.

꿍이와 이별할 날을 수없이 상상했지만, 막상 그 순간이 닥치자 헤어 나올 수 없었다. 난 그대로 깊고 깊은 슬픔에 빠져버렸다. 모든 행동이 고장 난 것처럼 엇박자를 냈다.

꿍이와 작별하고 돌아온 바로 그날, 꿍이의 모든 흔적을 정리했다. 케이지는 곱게 접어 방 한 켠에 세워두었고, 남은 먹거리는 지인에게 나눠주었다. 꿍이의 흔적이 남아 있던 바닥은 물티슈로 깨끗이 닦아냈다. 마치 처음부터 존재하지 않았던 것처럼 꿍이의 흔적을 공간에서 모두 지워버렸다. 눈에 밟히면 자꾸 생각날 것 같아서였다. 하지만 꿍이가 사용하던 담요와 화장실은 차마 버릴 수 없었다. 그마저 사라지면 꿍이를 추억할 마지막 끈마저 잃을까 두려웠다.

그리고 아무 일도 없었던 듯이 하루하루가 흘러갔다. 직장에서도, 친구들 앞에서도 나는 웃으며 말했다.

"괜찮아. 금방 괜찮아질 거야."

하지만 꿍이가 없는 시간이 하루, 이틀, 일주일로 늘어나자 나도 힘없이 늘어지고 말았다. 하루에도 몇 번씩 화장실로 달려가 눈물을 삼켜야 했다. 가끔 웃음이 나와도, 이내 죄를 짓는 듯한 기분에 입을 다물었다. 나는 꿍이가 없는 세상에 적응하는 법을 몰랐다.

누군가 말했다. 슬픔은 주머니에 가지고 다니는 뾰족한 돌멩이 같다고. 항상 지니고 다니다가 가끔 주머니 속 날카로운 돌멩이에 찔려 꺼내어 보게 된다고. 꿍이와의 이별은 나에게 그런 돌멩이였다. 잠들기 전, 조용히 꿍이의 이름을 불러보았다. TV를 보다가도 습관처럼 무심코 옆을 바라봤다. 꿍이는 당연히 없었다. 다시 한 번, 더는 꿍이를 만날 수 없음을 깨달았다.

시간이 흐를수록 주변 사람들은 내 변화를 눈치채기 시작했다.

"무슨 일 있어?"
"안 좋은 일이 있던 거 아냐?"
'안 좋은 일이 있었죠. 제가 사랑하는 토끼가 세상을 떠났다고 이야기했잖아요.'

목구멍까지 차오른 말을 겨우 삼켰다. 그 말을 꺼내는 순간, 사람들이 나를 이상하게 볼 게 뻔했다. 어떤 사람은 이런 나를 비웃기도 했다.

"그깟 토끼가 뭐라고 애도까지 해?"

나는 누군가의 슬픔을 가볍게 여겼던 과거의 내 모습을 거울처럼 되돌려 받았다. 밤마다 나는 꿍이와의 마지막을 담은 영상을 수십 번씩 돌려보았다. 살이 빠져 가죽만 남은 듯한 꿍이의 앙상한 모습에 큰 충격을 받았다.

'언제 이렇게 말랐었지? 왜 그때 더 일찍 알아채지 못했을까?'

가슴을 짓누르는 죄책감에 숨이 막혀왔다. 꿍이가 떠나기 2주 전쯤, 침대에 누워 쉬고 있던 나에게 다가와 얼굴을 온 힘을 다해 핥아주었다. 마치 마지막 인사를 하듯이. 그때는 몰랐다. 그저 친구들에게 "꿍이가 7년 만에 처음으로 레빗 키스를 해줬어!"라며 자랑하기 바빴다.

그 무렵부터 꿍이는 나를 졸졸 따라다녔다. 일을 할 때 발치에 와서 코로 툭툭 치며 관심을 달라 했고, 화장실까지 따라와 문 앞에서 나를 기다렸다. 이제 와 생각해보면, 꿍이는 나와의 이별을 준비하고 있었던 것이다. 꿍이와 함께했던 7년은 마치 꿈처럼 흘러갔다. 처음부터 없었던 것처럼 꿍이는 사라졌다. 꿍이의 흔적을 너무 일찍 지워버린 것을 후회했다. 남은 게 아무것도 없구나. 꿍이를 추억할 거리를 남기지 않은 스스로가 참 미련하게 느껴졌다.

전세 계약 만료를 앞두고 집을 정리하던 어느 날, 화장실 변기 뒤편에서 동글동글하고 작은 무언가를 발견했다. 조심스레 손을 뻗어 그 물체를 집어 들었다. 꿍이의 작은 똥이었다. 말라 딱딱해진 갈색의 코코볼 두 알. 무더운 여름, 시원한 변기 뒤에서 쉬며 남겼던 흔적이었다. 누구에겐 더럽게 보일지 몰라도 나에겐 꿍이를 추억할 수 있는 세상에서 가장 소중한 보물 같았다. 옷장 구석에서 발견한 꿍이의 털뭉치와 함께 그 두 알을 작은 비닐에 담아 보석함에 소중히 간직했다.

이제는 못해줬던 일만 떠올리기보단 꿍이와 함께했던 소중한 순간들을 기억하려 한다. 언젠가 다시 꿍이를 만날 그날을 손꼽아 기다리며.

"안녕, 나의 천사토끼. 다음에 꼭 다시 만나자. 나에게 와 줘서 정말 고마웠어."

붉은 실로 묶인 인연

인연은 보이지 않는 빨간 실로 이어져 있어, 그 실로 묶인 사람들은 언젠가 반드시 만나게 된다는 이야기가 있다. 나는 그 이야기를 행복이가 토끼별로 떠난 날 처음 알게 되었다. 행복이의 부드러운 털을 쓰다듬으며 속삭였다.

"행복아, 지켜주지 못해서 미안해. 다음 생엔 따뜻한 우리
집에서 다시 태어나, 아프지 않은 다리로 마음껏 뛰어놀고
이름처럼 행복하게 가족으로 같이 살아가자"

동현은 함께 흐느끼며 행복이의 작은 앞발에 준비해둔 붉은 실을 정성껏 묶어주었다. 다음 생애에 꼭 다시 만나자. 우리는 그렇게 행복이와 마지막 인사를 나눴다.

행복이는 우리 집에 잠시 잠깐 머물렀던 귀여운 롭이어 장모종 토끼였다. 호불호 없이 모두가 사랑할 외모를 가졌지만, 그 귀여움에도 불구하고 우리 집에 오게 된 사연은 참 기구했다. 2023년 어느 날, 토끼 커뮤니티에 파양 글이 올라왔다.

"귀여운 토끼 데려가세요."

하루에도 서너 개씩 올라오는 이제는 지긋지긋할 만큼 익숙한 글. 사진 속 토끼는 정말 귀여웠다.

몇 주 뒤, 행복이는 뜻밖의 장소에서 다시 나타났다. 포인핸드라는 유기동물 입양 사이트에 올라온 행복이를 누군가 발견하고 커뮤니티에 올렸다. 축 처진 귀와 긴 갈색 털, 무엇보다 '다리 불편함, 병원 치료 필요'라 적힌 짤막한 메모가 함께 있었다. 틀림없이 행복이였다. 분노가 솟구쳤다.

"어떻게 2년 동안 함께한 가족을 치료도 하지 않고 이리
매정하게 버릴 수 있지?"

상황은 좋지 않았다. 아픈 토끼를 선뜻 데려가겠다는 사람

은 없었다. 행복이의 부상 정도도, 경과도 알 수 없는 상황에 나는 발만 동동 구를 수밖에 없었다. 그대로 보호소에 두었다간 더 큰 위험에 처할 것이 뻔했다. 백방으로 도움을 요청했고, 익명의 후원자가 병원비를 지원해주겠다 나섰다. 결국 우리가 행복이를 임시보호하게 되었다.

행복이는 남양주 동물 보호소에 있었다. 집에서 약 두 시간 거리를 운전해서 도착했다. 보호소의 문이 열릴 때마다 안쪽에서는 개들의 울부짖는 소리가 들려왔다. 수없이 버려진 개들. 녀석들은 또 얼마나 무섭고 두려울까? 그런 상상을 하니 하나같이 모두 안타까운 마음이 들었다. 저 개들처럼, 어쩌면 더, 덜덜 떨고 있을 행복이가 한층 더 안쓰러워졌다.

"다리 다친 토끼를 데려오러 왔습니다."
"아! 그 아이요."

보호소 직원이 반기며 나왔다. 직원이 건네준 서류를 작성하고 있자니 곧 작은 철창 케이지에 담긴 행복이가 나타났다.
행복이의 다리는 생각보다 더 심각했다. 정면을 향해 가지런히 있어야 할 오른쪽 뒷다리가 90도로 꺾여 외회전을 한 채로 살짝 들려 있었다. 하지만 행복이는 불편한 다리 하나쯤 아무렇지도 않다는 듯 건강한 나머지 한 쪽 다리로 폴짝폴짝 뛰며 주변을 열심히 탐색했다. 다리의 부상이 심해 보였지만 통증은 없어 보여 참 다행이었다. 우리는 행복이에게 "이제 행복할 일만 남았다."는 뜻으로 '행복이'라는 이름을 지어주었다.

바로 동물병원으로 향했다. 전반적인 건강검진과 함께 다리 상태를 확인했다. 행복이의 상태는 엉망이었다. 오랫동안 빗질을 해주지 않은 것처럼 엉덩이와 옆구리에 군데군데 털이 덩어리져 있었고, 부상을 입은 다리 쪽의 귀에는 중이염이 있었다. 그리고 덥수룩한 털 아래에는 작은 상처들과 딱지가 앉아 있었다.

다리 상태를 확인하기 위해 엑스레이를 찍었다.

"다리가 부러진 지 오래되었네요. 제때 치료만 했어도 간단히 끝났을 수술이었는데요."

수의사 선생님은 무겁게 입을 열었다. 부러진 부위 위로 새로운 뼈가 불규칙하게 자라났고, 행복이의 다리는 곧게 뻗은 상태로 단단히 굳어져 있었다. 뼛조각도 많이 보이지 않아 부러졌던 뼈를 이어주기만 했었다면 정상적으로 생활할 수 있었을 것이라고 말씀하셨다.

이제 남은 선택지는 둘이었다.
하나, 부러진 다리를 열고 재건 수술을 시도하는 것.
둘, 그냥 이대로 살아가는 것.

하지만 재건 수술은 큰 위험을 동반했다. 먼저 행복이의 다리가 재건 가능한지 확인하려면, 기존 뼈 위에 자라난 뼈를 부수고 안쪽을 들여다보아야 했다. 만약 수술이 실패한다면 다리 절단이 불가피했고, 토끼에게 다리 절단은 생존율을 크게 떨어뜨린다. 고민하는 우리에게 수의사가 조심스럽게 권했다.

"지금 행복이가 통증이 없다면, 이 상태로 사는 것이 좋습니다."

행복이는 통증을 느끼는 것 같지 않았다. 하지만 다리의 모양 때문에 입양이 쉬워 보이지 않았다. 건강한 토끼조차 쉽게 입양되지 않는 세상에서 장애를 가진 행복이는 더더욱 입양을 가기 어려울 것이 불 보듯 뻔했다. 그럼에도 불구하고 행복이는 씩씩한 토끼였다. 건초도 잘 먹었고, 활력도 넘쳐났다. 행복이를 진료한 동물병원의 수의사와 간호사 또한 행복이의 매력에 푹 빠질 정도였다.

집으로 돌아와 행복이의 긴 털을 하나하나 빗어주었다. 엉킨 털을 빗어주는 과정에서 피부를 잡아당기는 느낌이 싫어 행복이는 응! 응! 콧소리를 내며 몸부림쳤다. 또 매일같이 중이염 치료를 위해 귀 안을 소독해주었다. 아픈 다리에도 불구하고 행복이는 늘 활짝 웃는 것 같았다. 불편한 다리 따위는 행복이의 천진난만한 모습을 가리지 못했다.

하지만 행복이와의 이별은 너무나도 급작스럽게 찾아왔다. 평소처럼 사료를 챙겨 주던 이른 아침 시간, 사료를 먹기 위해 손을 물 것처럼 달려들던 행복이가 냄새만 맡고 구석으로 들어가 눈을 게슴츠레하게 뜨곤 이를 갈았다. 귀를 만져보니 얼음장이었다. 몸을 따뜻하게 마사지해주며 병원으로 향했다.

병원에 도착하자마자 이동장을 열었다. 행복이는 이동장에 비스듬히 누워 눈을 뜬 채로 뻣뻣하게 굳어 있었다. 머릿속이 새하얘졌다. 마침 진료 준비를 위해 나오신 수의사 선생님을 마주쳤다.

"선생님… 아이가 안 움직여요."

수의사 선생님의 표정이 어두워졌다. 이미 사후경직이 와 딱딱해진 행복이의 몸을 여기 저기 만져 보시곤 급성 위폐색으로 인해 떠난 것 같다고 말씀하셨다. 평소 과식하던 버릇이 문제가 됐던 걸까. 그 작은 몸으로 얼마나 큰 아픔을 견뎌야 했을까. 좋은 집을 찾아주겠다 행복이와 한 약속을 지키지 못했다는 죄책감에 가슴이 찢어졌다.

동현은 행복이의 작은 앞발에 붉은 실을 묶어주고 말했다.

"조금만 기다려. 꼭 다시 만나자."

행복이는 그렇게, 우리 집에서 토끼별로 떠났다. 우리 집에 온지 단 한 달만이었다. 행복이의 죽음은 가슴 아팠지만, 한편으로는 이런 생각도 들었다. 추운 보호소나 길바닥이 아니라, 우리 품에서 사랑받다 떠나서, 참 다행이다.

문득, 전에 우리 집에 머물렀던 하얀 토끼, 방울이가 떠올랐다. 처음 방울이를 데려왔던 소녀는 같이 온 엄마에게 "난

이 토끼가 아니면 안 돼"라고 단호히 말했다.

  방울이는 분명 귀여운 토끼였다. 1.3킬로그램의 작은 덩치와 꼬불꼬불한 짧은 털, 하얀 몸에 눈가는 밝은 갈색의 무늬까지. 정말 사랑스러움 그 자체인 토끼였다. 하지만 하얀색 바탕의 갈색 점박이가 있는 토끼는 무척 흔하다. 그럼에도 방울이를 보자마자 '이 아이가 아니면 안 돼'라는 확신이 있을 수 있었던 건 방울이와 새 보호자가 운명의 붉은 실로 이어져 있기 때문이 아니었을까.

  그리고 우리도 행복이와 붉은 실로 이어져 있다면, 어쩌면 언젠가 먼 훗날, 행복이와 다시 만날 수 있을지도 모른다.

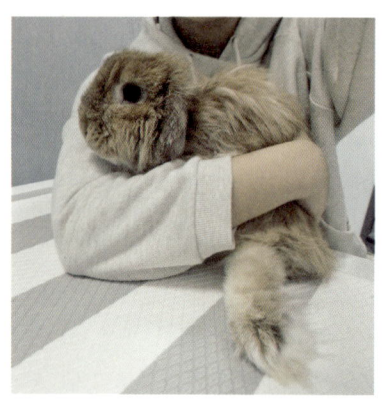

Chapter 5. 전시장 토끼들은 어디로 가게 될까?

'OO 동물 체험장', '토끼 먹이 체험'.

동물 전시는 아직까지도 성행되고 있다. 주말마다 어른들은 동물을 좋아하는 아이들의 손을 잡고 이런 체험장 혹은 체험 카페로 향한다. 유기 토끼 입양 홍보를 하면서 카페 토끼장 혹은 체험 농장에서 토끼를 전시하기 위해 데려가겠다는 문의를 종종 받는다. 그때마다 부드럽게 거절하지만, 마음 한편은 늘 쓸쓸하다. 전시장에 있는 토끼들은 관람객이 주는 당근 스틱이나 생초에 의존하며 살아가지만, 결코 건강하지 않다. 주식인 건초를 주지 않고 사람이 주는 달콤한 당근과 배추 등의 먹거리에 의존해야 하기 때문이다.

"아이들이 좋아하니까요."

왜 토끼 전시를 보러 가냐는 질문에 어른들은 어깨를 으쓱하며 대답한다. 전시장의 토끼들은 대부분 어리고, 작다. 토끼의 평균 수명이 10년임에도 불구하고, 이런 곳에서 몇 년 이상 사는 경우는 드물다. 이곳의 토끼들은 그저 '대체 가능한 부품' 그 이상도, 그 이하도 아니다.

사람들은 알까, 토끼도 교감이 가능하다는 걸. 이름을 알아듣고, 사람에게 애정을 주는 법을 아는 사랑스러운 존재들이라는 걸 알고 있을까? 그리고 알게 된다면, 전시장 토끼를 바라보는 시선도 달라질 수 있을까? 토끼 전시장에서 구조된 토끼들의 이야기를 통해, 이들이 겪는 고통과 아픔에 대해 이야기해보려 한다.

철창을 뚫고 닿은 것

혜성은 초등학교의 교직원이다. 학교에 토끼가 있다는 이야기를 듣고 무심코 따라가 본 그곳에서 혜성은 머리를 망치로 세게 얻어맞은 듯한 충격을 받았다. 고시원만 한 크기의 야외 토끼장은 마름모 모양의 녹슨 철창으로 빼곡히 둘러싸여 있었다. 쇠통에는 오래 방치된 듯 기름이 둥둥 떠 있는 더러운 물이 있었고, 바닥에는 깨진 플라스틱 조각과 학생들이 던진 쓰레기가 나뒹굴었다. 곳곳에는 토끼의 배설물 냄새가 진동했다. 오래 굶주린 토끼는 혜성을 보자 날카로운 철창에 매달려 먹을 것을 달라고 애원했다. 토끼장에 있던 수십 마리 중 유일하게 살아남은 토끼, 바로 혜성의 첫 토끼 베리였다.

베리가 살던 토끼장은 '방치'라는 표현도 과한 수준이었다. 그만큼 열악했다. 닭들을 모두 처분한 뒤, 그 안에 다시 토끼들을 대충 던져둔 수준이었다. 철창 안쪽에는 날카로운 철사들이 군데군데 삐져나와 있었다. 보는 것만으로도 서늘한 고통이 연상될 정도로 날카롭고 예리한 철사. 베리의 엄마토끼는 바로 그 철사에 찔려 죽었다고 한다. 학생들이 철창 사이로 던진 먹이를 먹고 싶었을 뿐인데… 햇볕 한 줌 들지 않는 토끼장에서 베리가 먹을 수 있는 것은 유통기한이 지난 사료와 썩어 악취가 나는 채소 조각뿐이었다. 굶주린 베리를 보고 학생들은 먹이를 줄 듯 말 듯 약을 올리거나, 토끼가 먹을 수 없는 파와 고추 등을 주려고도 했다.

2017년 11월, 추운 겨울날. 베리를 만난 순간부터 혜성의 삶은 완전히 달라졌다. 매일같이 토끼를 돌보기 위해 그 누구보다 일찍 출근해 베리에게 새 물을 갈아주고, 깨끗한 먹이를 챙겨주었다. 사비를 들여 사료통과 물통, 건초, 은신처를 하나하나 마련했다. 토끼에 대한 지식이 없었던 혜성은 인터넷 커뮤니티에 가입해 하루하루 배워가며 공부를 시작했다.

혜성의 정성은 방학 기간에도 멈추지 않았다. 매일같이 베리를 보기 위해 하루도 빠짐없이 학교를 찾았다. 문이 잠긴 날엔 경비실에 부탁해 문을 열어달라고 요청했다. 추운 겨울, 꽁꽁 언 손을 비벼가며 홀로 보온용 뽁뽁이를 들고 구멍을 뚫어가며 토끼장 철창에 하나하나 고정했다.

그러나 혜성은 점점 심각한 우울에 빠지고 있었다. 하루가 끝나고, 빛 한 줄기 들지 않는 어둠 속에 베리를 홀로 두고 돌아서는 길은 눈물로 얼룩졌다. 수백 번도 넘게, 자신 주변을 빙빙 도는 사랑스러운 베리를 품에 안고 도망치는 상상을 했다. 하지만 베리는 학교의 '소유물'이었다. 마음대로 데려갔다가는 오히려 베리를 영영 볼 수 없게 될지도 몰랐다. 이토록 정성을 쏟는 혜성의 마음을 이해하는 사람은 단 한 명도 없었다. 혜성의 정성을 비웃기만 했다.

"물 안 줘도 된다."
"산에다 풀어두면 알아서 잘 산다."

그러던 어느 날, 토끼장을 없애자는 이야기가 나왔다. 남아 있던 베리는 농장으로 보내기로 결정됐다. 혜성은 베리를 지키기 위해 애타는 마음으로 학교를 설득했다. 오랜 시간 간절히 부탁한 끝에, 드디어 베리는 토끼장을 나올 수 있었다. 혜성이 베리를 만난 지 무려 2년이 지난 후였다.

혜성의 집에 온 베리는 오랜 긴장과 고통에서 벗어난 듯 쿨쿨 깊은 잠에 빠졌다. 그간의 괴롭힘에 편히 다리도 뻗지 못하고 쉬지 못했을 베리에게, 이제는 좋은 일만 생길 거라고 믿었다. 편안히 잠든 베리의 평화로운 모습에 혜성도 비로소 안심할 수 있었다.

하지만 행복은 오래가지 않았다. 혜성의 집에 온 지 3개월쯤 지나 베리는 아프기 시작했다. 눈동자에 하얀 구름이 끼기 시작했고, 혜성이 손을 써보기도 전에 하얀 구름은 순식간에 시야 전체를 덮어버렸다. 베리는 시력을 잃었다. 빛 한 줄기 들지 않던 어둡고 축축한 토끼장에서 8년을 버틴 결과치고는 너무 가혹했다.

시력 상실을 시작으로, 베리의 건강은 점점 더 악화되었다. 치아 문제로 고름이 얼굴에 차올라 한쪽 눈이 튀어나왔고, 입안에는 늘 고름이 가득했다. 베리의 입가엔 항상 누런 고름이 묻어 있었고, 엉망이 된 얼굴에서는 지독한 고름 냄새가 났다. 통증으로 제대로 밥을 먹지 못하는 베리를 위해 혜성은 매일같이 건초 등을 곱게 갈아 물과 함께 유동식을 만들어 먹였다. 기특하게도 베리는 약 먹을 시간이 되면 항상 같은 자리에 앉아, 혜성이 약을 주기를 기다렸다. 기도하듯 간절한 마음으로 정성을 다해 보살폈지만, 8년 동안 토끼장에서 쌓인 시간의 무게는 작은 베리가 견디기엔 너무나 무거웠다.

마지막 날. 그날따라 힘이 없어 보이던 베리를 혜성이 안아 올렸다. 그 순간, 베리의 목이 뒤로 꺾이며 급작스레 경련을 일으켰다. 혜성은 급히 베리를 안고 병원으로 향했다. 수의사는 베리가 급성 폐수종에 걸렸다며, 이별을 준비해야 할 것 같다고 말했다. 버스를 타고 집으로 돌아가는 길, 베리는 힘겹게 몸을 뻗어 혜성의 품에 안기려 했다.

"베리야, 조금만 기다려. 여기는 다른 사람들이 있어서 꺼내줄 수 없어. 미안해…"

이동장 안의 베리를 쓰다듬으며, 혜성이 속삭였다. 그러나 집에 도착하기도 전에, 베리는 버스 안에서 마지막 숨을 거뒀다. 호흡이 가쁜 베리를 위해 주문해 둔 산소방은 결국 써보지도 못한 채, 베리는 혜성에게 작별을 고했다.

'좀 더 빨리 데려왔더라면 달라지지 않았을까…'

늘 죄책감에 스스로를 원망하며 기억을 묻어두려 했다. 하지만 이제야 비로소 베리의 이야기를 세상에 전하기로 결심할 수 있었다.

"어딘가에 베리 같은 토끼들이 또 고통 받고 있을 거라는 생각이 너무 괴로워요. 베리는 단 한 마리에 불과했지만, 수백 마리의 토끼들이 아직도 고통 받고 있을 거라 생각하니 너무 가슴이 아파요."

초등 교과 과정에는 '생명 존중과 동물 기르기'가 있다. 하지만 교내에서 토끼를 키우는 방식으로 정말 생명을 존중하는 법을 가르칠 수 있을까? 학생들은 먹을 것으로 토끼를 놀리고, 쓰레기나 나뭇가지를 철창 사이로 넣어 토끼를 찌른다. '기르기 체험'은 있지만, '끝까지 책임지기'는 없다. 생명을 전시하는 것만으로는 진정한 가르침이 될 수 없다.

혜성에게 베리는 단순히 '토끼 한 마리'가 아니었다. 전부였다. 베리를 통해 혜성은 사랑을 배웠고, 삶이 바뀌었다. 베리를 다음으로 메리, 그리고 빌라 단지에서 구조한 가을이까지 혜성의 토끼 사랑은 지금도 계속되고 있다.

8년 동안 베리는 좁은 토끼장에서 어미를 비롯한 수많은 토끼들이 죽어 나가는 모습을 목격해야 했다. 철사에 찔려 비참한 최후를 맞이한 베리의 어미는 죽은 지 수일이 지나서야 발견되었다. 아무도 이들을 돌보지 않았다. 심지어 죽음조차 이들의 존재를 알리지 못했다. 늦었지만, 이제라도 베리와 베리의 어미가 언급되는 건 순전히 사랑 때문이다.

사랑은 말이 아닌 행동이다. 생명의 소중함을 아는 아이들은 따뜻한 마음으로 더 나은 세상을 만들 수 있을 것이다. 그 방법은 교내에 토끼장을 만드는 게 아니다. 진정한 가르침은 생명을 쉽게 들여오고, 쉽게 방치하는 모습을 보여주는 것이 아닌, 함께 살아가는 법을 가르치는 것이다.

사랑을 품고 사는 혜성이 이제는 베리와의 아픈 기억보다 따뜻했던 추억을 먼저 떠올리기를. 그리고 더 이상 아파하지 않기를, 간절히 기도한다.

전시된 생명 사이에 행운이 있다면

 2021년 무더운 여름, 30여 마리의 토끼가 경기도의 한 리조트 토끼장에서 뒤엉켜 살았다. 그 토끼장은 말 그대로 '지옥'이었다. 토끼가 먹을 것은 하나도 없었고, 마실 물조차 없었다. 비좁은 우리에 전시된 토끼들은 굶주려 있었고, 비가 내리면 배수로에 고인 빗물을 받아 마시며 생존하고 있었다.

 "저희도 골칫거리에요."

 토끼장 담당자들은 귀찮아했다. 그들은 동물에 대한 지식이 전혀 없었다. 토끼에 대해 알지 못하니 무엇을 먹여야 하는지, 물은 얼마나 줘야 하는지도 몰랐다. 그렇게 방치했던 토끼들이 이제는 미친 듯 불어나 감당이 되지 않는다며, 당장 입양해 가라고 말했다.

먹을 것이 없는 토끼들은 극도로 예민해져 있었다. 서로를 물어뜯으며 서열 싸움을 했고, 그중 눈에 띄게 큰 부상을 입은 토끼들도 보였다. 토끼들의 얼굴 곳곳에는 상처가 가득했고, 이미 죽음을 맞은 토끼들의 사체도 여기저기 흩어져 있었다. 죽어야만 비로소 탈출할 수 있던 토끼장. 이 모습을 보고 좋아할 사람이 있었을까? 눈요깃감으로 전시된 토끼들은 하나같이 병들고 우울했다.

그런 토끼들 중에서 유독 눈에 띄는 토끼가 한 마리 있었다. 구석에 홀로 있던 토끼. 유난히 짧은 귀를 자세히 살펴보니, 그 귀는 군데군데 뜯긴 흔적이 역력했다. 영역 다툼 때문이었는지, 스트레스 때문이었는지, 그것도 아니면 굶주림 때문인지는 알 수 없었지만, 한 가지는 확실했다. 토끼의 귀는 그 형태조차 알아보기 힘들 정도로 짧아져 있었다. 한눈에 봐도 위급해 보였던 이 토끼가 바로 가을의 '행운이'였다. 행운이는 눈을 게슴츠레 뜨고, 자신을 지켜보는 사람들을 바라보았다. 마치 모든 걸 포기한 듯, 버틸 의지를 내려놓으려던 행운이.

행운이를 비롯해 여러 마리의 토끼들이 이날 구조되었다. 그중에는 임신 상태였던 토끼도 있었지만, 출산 후 열악한 환경과 심각한 영양실조로 인해 제대로 수유조차 하지 못했다. 결국 새끼들은 모두 폐사했다. 구조된 토끼들은 동물병원으로 옮겨져 상태를 점검받았다. 채 1킬로도 되지 않던 행운이. 또래 토끼들과 비교하면 절반도 되지 않는 몸무게였다. 행운이의 위장은 굶주려 삼킨 모래알로 가득 차 있었다. 먹을 수 없다는 걸 알면서도 속이 너무 쓰리다보니 모래를 씹어 삼켰던 탓이다. 행운이는 구조되어 치료를 받으면서도 여전히 극도의 불안감을 보였다. 쉼 없이 박스를 물어뜯는가 하면, 누구든 다가오면 그늘 아래로 숨은 채 경계를 풀지 않았다.

행운이는 구조된 이후 수차례 병원을 찾아야 했다. 외상을 치료하기 위한 수술도 이루어졌다. 느리지만 회복하고 있다고 믿었다. 하지만 어느 순간부터 행운이는 제대로 걷지 못했다. 진단 받은 병명은 척추 골절이었다. 수의사는 토끼장에 너무 오랫동안 방치되었던 탓이라고 했다. 열악한 환경과 영양실조로 인해 뼈가 극도로 약해져 스텀핑(발구르기, stomping or thumping)이나 작은 외부 충격으로 척추가 부러졌을 수 있다고 했다.

척추 부상으로 거동이 힘들어진 행운이는 활동량이 줄면서 소화도 원활하지 않았다. 맹장에 음식물이 가득 차 병원을 다시 찾기도 했다. 가을은 행운이가 스스로 움직이게 하려고 과일이나 간식으로 유혹해 보기도 했지만, 모두 헛수고였다. 그렇지만 가을은 늘 지극정성이었다. 행운이의 여린 다리가 쓸릴까 걱정되어 손수 가장 부드러운 뜨개실로 이불을 떠주기도 했다. 그런 마음이 닿기 시작했는지 행운이는 뜨개질한 가을의 손을 열심히 핥아주었다. 모든 생$_生$은 불리는 이름을 따라간다고 했던가. '가을과의 만남이 행운이기를 바란다'는 뜻으로 지어진 이름답게, 행운이는 편안하고 아늑한 집에서 누워 곤히 잠들곤 했고, 맛있는 음식을 먹으며 행복한 나날을 보냈다. 사람에게 방치되고 학대당했음에도 불구하고, 행운이는 점점 더 그늘 없이 밝은 아이로 자라났다. 가을이나 가을의 어머니가 쉬고 있을 땐 어김없이 다가와 코로 콩콩 치며 애정을 표현했고, 쓰다듬을 받은 뒤엔 눈을 지그시 감고 이를 갈며 손을 핥아주는, 참 애교 많은 토끼였다. 그렇게 입양 후의 행운이는 다른 토끼들과 다를 바 없이 밝고 활기찼기에, 오래오래 행복하게 살 수 있을 거라 믿었다.

하지만 어느 순간부터 행운이의 상태는 급격히 나빠지기 시작했다. 엉덩이에는 오물이 묻어 하얀 털이 더러워졌고, 매일 주물러주어도 다리에는 욕창이 생겼다. 열악한 토끼장에서 태어나 큰 토끼들에게 물어뜯기고 죽음으로 내몰렸던 행운이었다. 어찌 보면, 지금까지 버틴 것 자체가 '행운'이었다. 그렇지만 여러 차례 고비를 넘기며 그때마다 묵묵히 잘 견뎌주었던 아이였기에 더욱 마음이 아팠다.

"안 돼, 행운아. 조금만 더 버텨줘."

힘들어하는 행운이를 안고, 가을이 속삭였다. 이런 가을의 마음을 아는지, 행운이는 맑고 예쁜 눈으로 가을을 바라보았다.

가을에게 온 지 꼭 2년 되는 날, 병원에 다녀온 그날. 짧았던 시간을 뒤로하고, 행운이는 가장 좋아하던 어머니 가을의 품에서 마지막 숨을 거두었다. 안겨 있는 행운이를 쓰다듬으며, 가을은 사랑한다고 속삭였다. 이별은 언제나 힘겨운 것이지만, 행운이와의 이별은 가을에게 유독 아팠다. 온 가족의 사랑을 받으며 아픈 다리를 잊고 살았던 행운이었기에 더욱 그랬다.

"사실, 행운이를 만나기 전에는 동물 전시에 대해 제대로 알지 못했어요. 그냥 '잘 지내겠지'라고 안일하게 생각했던 것 같아요. 하지만 그날 본 리조트 환경은 말로 다 할 수 없을 만큼 끔찍했어요."

동물에 대한 전문 지식도 없이, 단지 사람의 재미와 기쁨을 위해 전시되는 게 현실이다.

"저는 전시하는 것도 문제지만, 전시된 동물들을 보러 가는 것도 잘못됐다고 생각해요. 사람들은 잘 모르지만, 토끼는 굉장히 똑똑한 동물이에요. 감정도 다 느끼고요. 사람들이 토끼의 특성을 제대로 안다면, 전시 같은 건 하지 않을 거라고 생각해요. 개나 고양이가 전시된다고 하면 많은 사람들이 분노하겠지만, 토끼 전시의 문제를 아는 사람은 정말 적어요."

인터뷰를 마무리하며, 가을은 행운이와 같은 토끼들이 더는 고통 받지 않기를 바란다고 말했다. 행운이가 떠난 후, 그 이야기를 아무에게도 하지 못했던 가을. 하지만 자신의 이야기가 누군가에게 변화를 줄 수 있기를 바라는 마음으로, 용기를 냈다. 단지 사람의 재미를 위해, 생명이 희생되는 일은 이제 없어야 한다.

먼저 떠난 반려동물이 나중에 주인을 천국에서 다시 만난다는 내용의 드라마나 만화를 우리는 종종 본다. 가을의 소망 또한, 언젠가 다시 행운이를 만나는 것.

"그때가 온다면, 행운이가 제 아기로 태어나 줬으면 좋겠어요. 제가 받은 사랑보다 더 많이, 그 아이에게 돌려주고 싶어요."

행운이도 가을을 만나 행운이었겠지만, 가을과 가족들 또한 행운이를 만났기에 더 큰 행운이었다.

이제는 더 이상 고통 없는 곳에서 편히 쉬고 있을 행운이의 명복을 빈다. 그리고 가을과 행운이가, 꼭 다시 만날 수 있기를. 나 또한 간절히 바란다.

Chapter 6. 가축이 아닌 가족입니다

"토끼도 외로움을 느끼나요?"
"당연하죠."

토끼는 개와 견주어도 손색이 없을 만큼 사람과 깊은 유대 관계를 쌓을 수 있는, 매우 사회성이 높은 동물이다. 다만, 개들과는 달리 토끼마다 애정을 표현하는 방식이 제각각 달라서 사람들이 잘 모를 뿐이다. 그렇기에 토끼의 관점에서 세상을 보려는 노력이 필요하다. 토끼가 보여주는 아주 작은 행동 하나하나가 집사를 사랑하고 신뢰한다는 증거가 된다.

예를 들어, 토끼의 정수리를 열심히 쓰다듬다가 손을 멈추면, 토끼는 잠시 가만히 있다가 이내 집사의 무릎을 앞발로 파바박 긁는다. 집사가 다시 손을 들어 쓰다듬어주면, 토끼는 고개를 낮추고 눈을 지그시 감은 채 이를 드드득 갈며 그 손길을 온전히 즐긴다. 이 정도는 누구나 쉽게 눈치 챌 만하다.

"멈추지 마. 계속 쓰다듬어줘!"

소리 내서 말하지 않더라도 알 수 있을 만큼 투명하다. 하지만, 늘 그렇게 명확한 것만은 아니다. 토끼가 다가와 사람의 손이나 얼굴을 열심히 핥을 때가 그렇다. 강아지를 키워본 사람들은 이 장면을 종종 오해하곤 한다. 할 말이 있는가? 혹시 어디가 아픈가? 걱정부터 앞서는 거다. 하지만 이건 토끼가 집사에게 보여줄 수 있는 최대의 애정 표현 중 하나, 바로 레빗 키스$_{Rabbit\ kiss}$다. 이런 오해는 또 있다. 온 집안을 부서질 듯 전속력으로 내달리다가 공중에서 몸을 틀며 착지한 뒤 '퍽' 소리를 내며 옆으로 쓰러지는 행동을 보일 때가 있는데, 놀랍게도 이건 토끼가 스스로 의도해서 보이는 장면이다. 하지만 처음 보는 사람은 깜짝 놀라 당황하기 마련이다.

'어디 다친 건가?'
'병원에 가야 하나?'
'내가 감당 못 할 어떤 본능이 깨어난 걸까?'

손을 벌벌 떨며 바라보는 그 순간, 사실 그 행동은 토끼가 느끼는 극도의 신뢰와 행복의 표현이다. 바로, 빙키$_{Binky}$와 버니플롭$_{Bunny\ flop}$.

이처럼 토끼의 언어를 모른다면, 그 작고 조용한 애정을 눈치 채지 못한 채 스쳐 지나가기 쉽다. 하지만 그 사랑의 신호를 알아차리는 순간, 누구라도 토끼라는 생명에게 마음을 빼앗기고 만다.

그렇다면 반대로, 토끼는 사람을 어떻게 생각할까? 토끼는 사람을 어디까지나 '친구'로 여긴다. 그래서 사실 대중적으로 널리 알려진 '집사'라는 표현보다는 '룸메이트' 혹은 '하우스메이트'라는 말이 더 어울릴지도 모른다. 토끼들의 눈으로 보면, 우리는 커다랗고 털이 없는 괴상한 생김새의 불쌍한 큰 토끼 정도란 소리다. 그래서일까? 토끼는 사람의 말에 복종하지 않는다. 집사가 아무리 책상 위에 올라가지 말라고 소리를 쳐도 토끼는 보란 듯이 폴짝 뛰어오른다. 침대에 오줌을 싸지 말라고 혼내도 토끼는 콧방귀를 뀌며 엉덩이를 살짝 뒤로 빼고 침대 위에 영역 표시를 한다.

"내 말을 전혀 못 알아듣는 걸까?"

한숨이 나올 때도 있다. 하지만 냉장고 문이 열리거나 비닐 소리만 나도 쏜살같이 달려오는 토끼를 어떻게 미워할 수 있을까? 부드러운 털, 시도 때도 없이 움찔거리는 작은 코, 갈라진 입술 사이로 살짝 보이는 하얀 앞니, 맛있는 걸 먹을 때 실룩이는 엉덩이, 신뢰하는 존재에게만 보여주는 뽀송한 뒷발바닥까지. 토끼의 귀여움을 적자면 책 한 권으로도 모자랄 것이다.

이렇게 사랑스럽고, 똑똑하고, 순수한 토끼들을 왜 사람들은 쉽게 유기하는 걸까? 우리는 고민해야 한다. 어떻게 하면 버려지는 토끼들의 수를 줄일 수 있을지. 그 고민을 멈추지 않는다면, 고통 받는 토끼들의 수는 분명 줄어들 수 있을 것이다.

산토끼는 없다

한국에 서식하고 있는 야생 토끼는 '멧토끼_{Korean hare}'다. 동요에 등장하는 산토끼 또한 야생 토끼인 멧토끼를 말한다. 멧토끼와 집토끼는 종이 달라 서로 교배가 불가능하다. 현재 한국에서 반려동물로 사육되는 토끼의 대부분은 유러피안 굴토끼_{European rabbit}의 후손이다.

다산의 상징으로 알려진 토끼는 한 번에 최대 12마리의 새끼를 낳을 수 있다. 게다가 임신 중에도 다시 임신이 가능한 놀라운 번식력을 지녔다. 이러한 특성 때문에, 호주는 토끼와의 전쟁을 선포한 적이 있다. 자연에 살지 않던 토끼들이 일부 사람들에 의해 풀어졌고, 그 토끼들이 교배를 거듭하면서 개체 수가 기하급수적으로 늘어났다. 결국 호주의 자연은 파괴되었고, 생태계는 큰 혼란을 겪었다. 토끼들이 무리를 지어 뛰어다닐 때 땅이 흔들릴 정도였다고 전해진다.

호주 정부는 토끼 소탕을 위해 수많은 대책을 세웠지만, 그 무엇도 토끼의 번식력을 이겨내진 못했다. 일 년 내내 따뜻한 기후가 토끼들에겐 번식하기 딱 좋은 환경이기 때문이다. 현재 퀸즐랜드Queensland에서는 토끼를 반려동물로 키우는 것이 법적으로 금지되어 있으며, 서호주Western Australia에서는 토끼가 야외에서 자유롭게 뛰어다닐 수 없고, 케이지 안에서만 사육할 수 있도록 강력히 규제하고 있다. 이처럼 호주에서는 집 안에서 키우는 집토끼를 제외한 야생 토끼는 유해 동물로 엄격히 분류된다.

이러한 호주의 사례를 보고, 일부 사람들은 한국에서도 비슷한 일이 일어나지 않을까 우려하며 토끼 자체를 유해 동물로 오해하기도 한다. 하지만 호주와 한국의 환경은 전혀 다르다. 우선 한국은 사계절이 뚜렷하다. 덥고 습한 여름에는 많은 수의 토끼가 장마 기간 중 폐사하며, 실내에서 사육되는 반려토끼들조차 여름철에 위 정체, 식욕 부진, 탈수 등으로 아픈 일이 많고, 심한 경우에는 폐사하기도 한다. 추운 겨울에는 먹이를 구하지 못해 굶어 죽는 경우도 있다.

날씨만이 이들의 생존을 위협하는 건 아니다. 어미에게서 막 독립한 새끼 토끼들은 굴에서 나오자마자 고양이나 개, 맹금류 같은 천적에게 죽음을 맞이한다. 천적을 만나면 어떻게 도망쳐야 하는지, 어디에서 어떻게 먹이를 구해야 하는지 배우지 못한다. 그저 눈에 띄지 않아 운 좋게 살아남거나, 사람 손에 구조되는 것이 생존할 수 있는 유일한 길이다. 또한, 끊임없이 임신과 출산을 반복하는 어미 토끼는 대부분 2년을 채 넘기지 못하고 죽는다. 평온하게 보이는 자연도 토끼들에겐 생존의 전쟁터다. 야생에 내던져진 집토끼는 유해 동물이 아니다. 그들은 구조가 필요하다.

아무리 날뛰던 토끼라도 구조되어 따뜻한 집으로 오면 두 다리를 쭉 뻗고 단잠을 잔다. 며칠만 지나면 사람이 주는 먹이를 기다리고, 무릎 위로 올라와 쓰다듬을 받는 완벽한 반려토끼가 된다. 집토끼의 '야생화'는 이루어지지 않는다. 수천 년을 사람 손에 길들여진 개처럼 집토끼도 사람의 손길 없이는 살 수 없다. 그러니 집에서 키운 토끼를 산이나 공원에 '방생'한다고 해서 그 토끼가 하루아침에 산토끼가 되는 일은 없다.

버려진 토끼들에게 한 가지 공통점이 있다면, 하나같이 처음 버려진 장소를 떠나지 못한 채 그 주변을 배회한다는 것이다. 영역 동물인 토끼는 공원이나 산, 아파트 등에 버려지면 그 자리에서 벗어나지 못한다. 공원에 버려진 토끼는 공원을 떠나지 않고, 아파트에 버려진 토끼는 아파트 주변을 맴돈다.

그래서 한편으로는 그런 모습이 더없이 애잔하게 느껴진다. 버려진 토끼들이 혹시 아직도 주인을 기다리고 있는 건 아닐까.

'기다리면 다시 돌아와 주겠지.'

그렇게 믿으며, 묵묵히 그 자리를 지키고 있는 건 아닐까 싶어서다.

쉬운 선택, 더 쉬운 유기, 그리고 신중한 입양

 2023년, 토끼의 해는 아이러니하게도 토끼들에게 최악의 해였다. 토끼가 인기 반려동물로 급부상하며 토끼를 모티브로 한 캐릭터와 화보, 광고가 쏟아졌다. 다산과 풍요, 순수함의 상징인 토끼는 남녀노소 모두의 사랑을 받았지만, 그 인기는 오래가지 않았다. 가을 추석 연휴를 기점으로 많은 토끼들이 거리로 내몰렸다. 입양을 결정하는 과정에서 충분한 책임감과 고려가 이루어지지 않았기 때문이었다.

 미국에서는 부활절마다 아이들에게 토끼를 선물하는 풍습이 있다. 그러나 부활절 이후 유기되거나 파양되는 토끼가 많아 일부 브리더와 펫숍은 이 시기에 분양을 중단하기도 한다. 한국에는 부활절 토끼를 선물하는 문화는 없지만, 토끼의 해를 맞아 비슷한 현상이 벌어졌다. 토끼 커뮤니티에는 하루에도 대여섯 건의 유기·파양 사례가 올라왔고, 커뮤니티 회원들은 피로감을 호소했다. 일부는 아무 책임감 없이 토끼를 데려왔다가 쉽게 파양하는 이들을 비판하는 글을 올리기도 했다. 현재도 하루에 몇 건씩 파양 관련 글이 계속해서 올라오고 있다.

미디어 속 토끼는 얌전하고, 무해하며, 작고 귀엽기만 하다. 하지만 토끼를 실제로 키워본 사람이라면 단번에 고개를 저으며 말할 것이다.

"천사 같다고요? 토끼는 작은 악마라니까요."

토끼는 입에 닿는 모든 것을 물어뜯고, 중성화를 하지 않으면 여기저기 오줌 테러를 한다. 심지어 집사를 향해 달려들거나, '붉!' 하는 소리를 내며 짖기도 한다. 끝날 기미가 없는 털갈이에 빗질을 게을리 하기라도 하면, 집 안은 온통 공중에 풀풀 날리는 털로 가득 찬다. 이런 토끼의 모습을 감당하지 못해 파양이나 유기를 선택하는 경우도 적지 않다. 이렇기에 토끼를 오래 키운 보호자들은 지인에게도 토끼 입양을 신중히 권한다. 귀여운 외모만 보고 덜컥 입양했다가 후회하는 경우를 수없이 봐왔기 때문이다.

어찌 보면, 파괴가 일상임에도 불구하고, 토끼는 매력적이다. 토끼와 깊은 유대감을 맺은 집사들에게는 이 모든 까다로움조차 사랑스럽다. 하나의 생명을 가족으로 받아들인다는 것은 무엇보다도 그 생명을 끝까지 책임지겠다는 깊은 각오가 필요한 일이다.

"토끼도 사람을 알아보나요?"
"자기 이름 부르면 와요?"

사람들은 토끼를 데리고 나온 나를 붙잡고 호기심 가득한 눈으로 묻는다. 그만큼 한국에서 반려토끼에 대한 인식은 여전히 낮다.

'토끼를 키운다'고 하면, 많은 사람들이 좁은 장 안에 여러 마리를 가둬놓고, 양배추나 고구마 같은 채소를 툭툭 던져주는 장면을 떠올린다. 그리고 거기에 따라오는 지독한 냄새까지. 하지만 토끼장이 지저분한 건 청소를 해주지 않기 때문이다. 정성을 다해 설명해보지만, 대부분은 "나 자랄 때는 토끼 밖에서 키웠어"라며 웃어넘긴다.

토끼는 단순히 귀엽기만 한 동물이 아니다. 가축이나 전시

용으로만 존재하지 않는다. 토끼 역시 개나 고양이처럼 사람과 깊은 교감이 가능한 사회적 동물이다. 유대가 형성된 토끼는 보호자가 부재할 때 우울해하거나 밥을 먹지 않으며 기다리기도 한다.

이런 토끼의 섬세한 감정을 알고 있는 사람은 많지 않다. 여전히 토끼는 '키우기 쉬운 장식용 동물'처럼 여겨지며, 너무 쉽게 사고 너무 쉽게 버려진다.

"사지 말고 입양하자."
"사는 게 문제가 아니라, 버리는 게 문제야."
"유기하는 것보단 파양이 낫지 않냐?"

진짜 문제는 누구나 아무런 제약 없이 쉽게 토끼를 입양할 수 있다는 현실에 있다. 동네 마트의 펫 코너에서는 4만 원 남짓한 가격에 토끼를 판다. 재래시장에선 할머니들이 몇 만 원에 토끼를 내놓고, 인터넷에서는 품종 토끼를 몇 만 원에서 수백만 원에 아무런 절차 없이 구매할 수 있다. 게다가 신종 펫숍에서는 돈을 받고 파양된 토끼를 받아 또 다른 누군가에게 무료로 분양하는 일도 벌어지고 있다. 수많은 유기 토끼들이 갈 곳 없이 방황하는 동안 다른 한쪽에서는 여전히 사람의 이

익을 위해 토끼를 번식시키고 판매하는 일이 계속되고 있다.

토끼는 개나 고양이와 달리 동물등록제에 포함되지 않는다. 그래서 유기되더라도 책임을 묻기 어렵다. 시민들 또한 거리에서 토끼를 발견해도 구조가 필요하다고 느끼기보다는 그냥 '귀엽다'고만 여기는 경우가 많다. 하지만 유기는 엄연한 범죄 행위다. 대한민국 동물보호법 제97조 제5항 제1호에 따르면, 동물을 유기한 소유자는 300만 원 이하의 벌금에 처한다고 명시되어 있다. 따라서 "유기보다 파양이 낫다"는 말에는 분명 어폐가 있다. 유기는 명백한 범죄이고, 파양은 최소한의 도의적 책임을 지는 행위다.

새로운 가족을 찾아주기 위해 노력하는 것, 그것이 파양이다.

아래는 일반적으로 주로 언급되는 파양 사유들이다:
보호자 본인 또는 가족의 알레르기 혹은 호흡기 질환 발병
가족의 반대
결혼, 이민, 유학, 입대, 임신 등 인생의 중대 변화
이사
경제적 사정의 악화
주 보호자 또는 가족의 건강 악화

이처럼 예기치 못한 상황 앞에서, 보호자들은 긴 고민 끝에 이별을 선택하기도 한다. 여러 방면으로 방법을 찾아보았지만, 결국 어쩔 수 없는 현실에 부딪힌 경우도 있을 것이다. 그러나 입양을 고민하던 그 시점에서, 충분한 시간과 고려가 선행되었다면 이러한 상황을 줄일 수도 있었을 것이다. 예를 들어,

입양 전, 병원에서 알레르기나 호흡기 질환 검사를 미리 받는 것
토끼 입양에 대해 가족 전원의 동의를 얻는 것
이사 등 향후 변수를 염두에 두는 것

이런 준비가 선행된다면, 파양과 유기의 비극은 분명 줄어들 수 있다. 또한, 평균 수명이 약 10년인 토끼와 함께할 각오가 없다면 입양 자체를 신중히 다시 생각해야 한다. 특히 토끼는 5살부터 노령기에 접어든다. 노령 토끼는 병원비 부담이 커지고, 세심한 간병이 필요한 경우가 많다. 경제적으로, 심리적으로, 이 모든 부분에 대해 준비가 되어 있는지 진지하게 고민한 후에 입양을 결정해야 한다.

입양 전 꼭 알아야 할 토끼 기본 상식

앞서 언급된 각오를 다졌다고 해서 토끼 입양 준비가 끝났다고 할 수는 없다. 토끼에 대한 충분한 공부가 반드시 선행되어야 한다. 토끼는 중치류重齒類로, 평생 이가 자라는 동물이다. 따라서 올바른 식습관을 통해 자연스럽게 이갈이가 이루어져야 한다.

집토끼의 평균 수명은 약 10년이지만, 기네스 기록에는 최장 18년을 산 사례도 있다. 수명이 긴 만큼 입양 전부터 긴 시간을 함께할 각오가 필요하다. 또한, 긴급 상황 시 한 시간 이내에 갈 수 있는 토끼 전문 동물병원이 있는지 반드시 확인해야 한다. 개나 고양이를 진료하는 병원은 많지만, 토끼는 특수동물에 속하기 때문에 진료 가능한 병원이 상대적으로 적다. 게다가 '진료 가능'하다고 해서 반드시 전문성까지 다 갖춘 건 아니다. 간단한 성별 판별조차 틀리거나, 엉뚱한 처방을 하는 경우도 종종 있다. 그래서 온라인 커뮤니티나 실제 보호자의 후기를 통해 병원의 전문성을 확인하는 것이 중요하다. 다행히 최근에는 토끼 진료가 가능한 동물병원이 점점 늘어나는 추세다. 토끼는 장시간 이동 시 스트레스에 취약하기 때문에, 가까운 거리에 믿을 수 있는 병원이 있는지 여부는 입양 여부를 결정짓는 중요한 기준이 된다.

일반적인 통념과 달리 토끼의 주식은 당근도 배추도 아니다. 간혹 토끼가 잡식이라고 오해하는 경우도 있지만, 토끼는 명백한 초식동물이다.

토끼의 생애 단계별 주식
6개월 미만의 어린 토끼$_{자토}$: 알팔파$_{Alfalfa}$
6개월 이상 성체 토끼$_{성토}$: 티모시$_{Timothy}$

두 건초 모두 대부분 압축 형태로 수입되며, 온라인으로 구매 가능하다. 압축 건초는 손질 인건비가 들지 않아 저렴하지만, 가루나 먼지, 이물질이 섞일 수 있으므로 손질 완료 건초를 추천한다. 티모시는 성토의 주식으로 가장 많이 소비되며, 연맥·대맥·소맥·오차드그라스 등도 함께 사용되기도 한다. 간식으로는 소량의 생초나 채소를 줄 수 있다. 치커리, 로메인, 미나리, 청경채 등은 토끼가 소화할 수 있는 채소이며, 사과나 바나나 등 당분이 많은 과일은 극히 적은 양만, 가끔씩 줘야 한다.

토끼는 기본적으로 방목$_{\text{Free roaming}}$하며 키우는 것이 이상적이다. 여의치 않다면, 최소한 하루 일정 시간은 마음껏 뛰어놀 수 있는 공간을 확보해야 한다. 이를 위해 먼저 토끼에게 안전한 환경을 만드는 것이 중요하다. 토끼는 무엇이든 입으로 확인하는 습성이 있어 전선처럼 위험한 물건은 입이 닿지 않는 곳에 숨겨야 한다. 또한, 토끼가 지루하지 않도록 다양한 놀이 도구$_{\text{Enrichment}}$를 준비해주는 것이 필요하다. 토끼는 매우 사회적인 동물로 짝꿍이 없다면 집사와의 교감을 통해 외로움을 달래야 한다. 토끼의 두뇌는 호두만 한 크기지만, 이름을 알아듣고 '돌아', '일어서', '하이파이브'와 같은 간단한 훈련도 가능하다. 그러나 충분한 시간을 함께할 수 없다면, 토끼는 외로움과 스트레스로 인해 문제행동을 보이거나 건강이 악화될 수 있다.

짝궁 토끼를 들이는 일 또한 신중해야 한다. 토끼는 사회적인 동물이지만 동시에 강한 영역 의식을 가진다. 기존 토끼가 살던 공간에 새로운 토끼를 갑자기 들이면, 터줏대감인 기존 토끼는 극도의 불안과 경계심을 보일 수 있다. 새로운 토끼를 소개할 땐 구체적인 '합사 계획'이 필요하다. 또한, 계획이 실패했을 경우를 대비해 '분리 사육' 방안도 함께 고려해야 한다. 특히 이미 피를 보는 큰 싸움이 벌어졌다면, 더 큰 사고를 막기 위해 합사를 즉시 중단해야 한다. 또한, 기존 토끼가 고령일 경우, 새로 들인 어린 토끼가 기존 토끼를 괴롭히거나 스트레스를 줄 수 있으므로 입양 자체를 다시 한 번 신중히 검토해야 한다.

이제 본격적으로 토끼를 데려오기 전, 꼭 확인해야 할 사항들을 정리해보자. 앞서 언급했듯, 가장 먼저 해야 할 일은 '알레르기 검사'다. 특히, 토끼나 주식인 건초(티모시, 알팔파)에 대한 알레르기 유무를 반드시 확인해야 한다. 또한, 본인이나 동거인이 천식이나 기관지 질환을 앓고 있다면 토끼 입양은 권장되지 않는다. 기관지 질환의 악화로 인해 어쩔 수 없이 파양하는 사례는 매우 많으며, 경미한 증상이라 해도 시간이 지날수록 악화되어 입원에 이르는 경우도 있다. 알레르기나 기관지 질환은 결코 가볍게 넘길 수 있는 문제가 아니다. 또한, 동거인이나 가족의 동의 역시 입양의 필수 조건이다. 나만 좋아한다고 해서 모두가 좋아할 거라 기대해선 안 된다. 토끼를 반기지 않거나 함께 사는 걸 꺼리는 가족 구성원이 있다면, 토끼와 보호자 모두에게 불행한 결과로 이어질 수 있다.

토끼는 수명이 긴 동물이다. 따라서 미래에 발생할 수 있는 변수들 속에서도 끝까지 책임지고 함께할 수 있을지를 미리 고민해보아야 한다. 향후 10년 이내에 결혼, 임신, 육아, 군 입대, 유학, 이민 등을 계획하고 있다면 토끼를 분양하거나 입양하는 결정은 다시 한 번 신중히 생각해야 한다. 가벼운 마음으로 데려온 사랑스러운 토끼가 언젠가 무거운 짐처럼 느껴질 순간이 올 수도 있다. 그런 일이 생기지 않도록, 입양 전부터 충분한 각오와 준비가 필요하다.

건강한 토끼를 데려오는 방법

토끼를 분양하거나 입양하기 위한 마음가짐과 준비 과정이 모두 끝났다면, 이제는 진짜로 토끼를 데려오는 일만 남았다. 토끼를 분양받을 수 있는 경로는 다양하다. 토끼 농장, 시장, 마트, 브리더, 펫숍 등, 어디서든 어렵지 않게 토끼를 만날 수 있다. 하지만 이런 곳에서 교배되어 판매되는 토끼들은 전염병에 감염되어 있거나 불량한 위생 상태에서 태어난 경우가 많다. 그래서 데려온 지 며칠 만에 급사하거나 오랜 시간 병원을 들락날락하는 경우도 허다하다.

그뿐만이 아니다. 토끼는 몸집이 작을수록 상품 가치가 높다고 여겨지기 때문에 어미젖을 떼지도 못한 채 매우 어린 나이에 전시되고 판매되기도 한다. 사실 새끼 토끼는 최소 4주에서 최대 8주간 어미의 젖과 식변을 받아먹으며 면역력을 키워야 한다. 그러나 이들은 고작 2주 만에 어미에게서 분리된다. 제대로 어미젖을 먹지 못한 토끼들은 면역력이 저하되어 그렇게 연약한 몸으로 보호자의 집에 오게 되는 것이다. 건강한 토끼와 최대한 오래 함께하고 싶다면, 나는 '임시보호 중인 토끼를 입양하는 것'을 추천한다. 대부분 유기되어 구조된 토끼들은 임시 보호자가 한 차례 병원 검진을 진행한다. 피부병이나 질병이 있다면 치료를 받고, 안전한 집에서 좋은 먹거리를 먹으며 회복해간다. 그뿐만 아니라, 임시 보호 중인 토끼들은 배변 훈련을 연습하며 성격과 성향도 어느 정도 파악된 상태다. 처음 토끼를 입양하는 사람이라면 임시 보호자를 통해 사육 팁은 물론, 입양을 고민 중인 토끼에 대한 소중한 이야기도 많이 들을 수 있다.

입양을 선뜻 결정하지 못하는 이유 중 하나는 '유기된 토끼는 뭔가 문제가 있을까 봐' 하는 막연한 불안감 때문이다.

"건강에 문제가 있지는 않을까?"
"버려진 아픔 때문에 새 가족에게 마음을 열지 않는 건 아닐까?"

이런 걱정들로 인해 입양을 망설이는 경우도 많다. 하지만 이는 대부분 토끼에 대한 정보 부족에서 비롯된 오해다. 구조된 토끼들은 일반 분양 토끼들과 본질적으로 다르지 않다. 마치 유기된 기억이 없는 것처럼 새로운 가족에게 마음을 열고 사랑을 주는 아이들도 많다. 크게 다친 경우나 심각한 질환이 있는 경우가 아니라면 피부병이나 가벼운 배앓이 같은 문제는 충분히 치료 가능하며, 대부분 빠르게 건강을 되찾는다. 무엇보다 입양은 '오갈 곳 없는 생명에게 새 가족이 되어주는 일'이다. 괜히 '입양은 사랑이다'라는 말이 있는 게 아니다. 생명의 귀중함을 직접 느끼고, 새로운 가족을 만난 토끼가 느낄 안도감과 행복을 상상해본다면, 입양을 망설이던 마음에도 따뜻한 변화가 찾아올지 모른다.

반려토끼의 시대

나의 두 번째 토끼 '꿍이'를 키우던 시절, 토끼에 대해 무지했던 나는 한 분에게 깊이 의지했다. 바로 『토끼』와 『토끼 질병의 모든 것출판사:책공장더불어』을 번역·번안한 서유진 작가다. 그 또한 한때는 초보 토끼 집사였다. 2004년, 서유진 작가는 첫 토끼 '토실이'를 요로결석으로 떠나보낸 후, 더 공부하지 않았던 나날들을 후회하게 되었다. 사랑만 쏟아주면 될 것이라 생각했지만, 토끼는 생각 이상으로 섬세한 동물이었다. 그래서 이후에 '초코'와 '우유'를 데려왔을 땐 토끼 커뮤니티에 가입해 본격적으로 공부를 시작했다. 하지만 그 시절은 국내에서 토끼에 대한 인식이 여전히 '가축'에 가까운 수준이었다. 그는 토끼에 대한 이해도가 높은 미국과 일본에 눈을 돌리기 시작했고, 꾸준히 공부하고 파고들다 보니 어느새 다른 보호자들에게도 도움을 줄 수 있는 수준에 이르렀다. 나 또한 그런 도움을 받았던 집사 중 한 명이었다. 그의 노력 덕분에 국내에서 '반려토끼'에 대한 인식이 크게 높아졌음은 분명하다. 지금도 많은 토끼 보호자들이 그의 책과 블로그 글을 읽으며 올바른 반려 생활에 대해 공부하고 있다.

"지금은 정말 많은 분들이 토끼를 훌륭히 키우고 있어요. 저보다 더 잘 키우시는 분들도 많아졌고요. 가축이 아닌 반려동물로서 토끼를 바라보며, 그들의 행복을 위해 애쓰는 보호자들이 많아져서 참 다행입니다."

그는 토끼가 결코 키우기 쉬운 동물이 아니라는 걸 누구보다 잘 알기에, 입양에는 반드시 큰 결심과 책임이 동반되어야 한다고 강조했다.

10년 가까이 지난 지금도 우리가 나눴던 대화를 생생히 기억한다. 밥그릇과 물그릇이 토끼에게 너무 높다, 단 것을 너무 많이 주면 토끼가 아프다 등등… 좌충우돌, 부족한 집사였던 나에게 그는 먼저 토끼를 키운 선배로서, 또 토끼를 깊이 공부한 사람으로서, 단호하면서도 따뜻하게 올바른 사육법을 가르쳐 주었다. 물론 매번 혼나기만 했던 건 아니다. 꿍이가 아플 땐 다정한 말로 위로를 건네고, 아픈 토끼를 돌보는 방법을 알려주기도 했다. 병원에서도 꿍이의 아픈 원인을 알지 못했던 그때, 그의 조언과 위로는 나에게 큰 힘이 되었다.

그와 함께 버려진 토끼들을 임시보호 하고, 입양 홍보를 한 적도 몇 차례 있다. 그중 '알콩이'와 '달콩이' 두 마리는 약 한 달간 내가 임시 보호를 맡기도 했다. 그는 그 외에도 수많은 유기 토끼들을 정성껏 홍보했고, 그 덕분에 많은 토끼들이 새 집을 찾을 수 있었다. 때론 지치고 힘들었지만, 그는 언제나 "토끼들을 위해서"라며 마음을 다시 다잡았다.

서유진 작가에게 반려토끼 초코와 우유는 전부였다. 그의 블로그는 두 마리 토끼와의 기억으로 가득하다. 방 하나를 통째로 내어주며 모든 정성을 다해 키운 모습이 고스란히 담겨 있다. 초코와 우유가 떠난 지금도 그들과의 특별했던 관계는 나를 비롯한 많은 보호자들의 가슴 속에 살아 있다.

이제 토끼는 단순한 '가축'이 아니다. 사람 곁에서 위로가 되고, 사랑을 주는 소중한 가족이다. 그렇기에 토끼의 생태에 대한 이해 또한 필수적이다. 유진이 바라던 것처럼 더 많은 사람들이 토끼를 제대로 알게 된다면, 버려지는 토끼도, 고통받는 토끼도 훨씬 줄어들 것이다.

에필로그

Epilogue
토끼 유토피아

 토끼는 나에게 많은 것을 가르쳐 주었다. 나의 얼굴을 핥아 주던 꿍이에게선 '사랑'을, 한쪽 눈을 잃었어도 삶의 의지를 보여준 나나에게선 '강인함'을, 일곱 마리의 토끼를 출산한 공주에게선 '모성애'를, 예민한 은비를 받아준 동동이에게선 '인내'를 배웠다. 돌이켜보면, 토끼들에게는 그저 고마운 마음만이 남아 있다.

 나는 꿈꾼다.
 버림받는 토끼도, 보호소에 들어가 안락사를 기다리는 토끼도, 동물 실험으로 고통 받는 토끼도, 전시장에서 마실 물과 먹을 것이 없어 말라가는 토끼도 존재하지 않는 세상을.

토끼들이 사랑하는 가족을 만나, 사랑을 받고, 또 사랑을 줄 수 있는 세상. 그런 세상을 만들어 가는 일이야말로, 우리에게 조건 없이 사랑을 베풀어 준 토끼들에게 우리가 해줄 수 있는 가장 큰 보답이 아닐까?

사람들의 토끼에 대한 인식이 바뀐다면, 그에 따른 대우도 분명 달라질 것이다. 예를 들어, 집에서 키우던 토끼를 산에 버린다고 산토끼가 되는 것은 아니라는 점. 올바른 사육 방법만으로도 10년 이상 함께할 수 있다는 점. 토끼도 사람과 깊은 교감이 가능한 동물이라는 점. 이러한 사실들을 더 많은 이들이 알게 된다면, 토끼의 입장을 이해하고 공감하는 사람들도 차츰 늘어날 것이다.

난 그들의 작은 목소리가 모이면, 더 많은 토끼들이 더 행복한 삶을 살아갈 수 있으리라 굳게 믿는다. 토끼들이 뛰노는 유토피아는 결코 멀지 않은 어딘가에 있다. 그리고 그 첫걸음은, 이 책을 끝까지 읽어준 당신으로부터 시작될지도 모른다.

편집자의 말
간약한 자백

저는 사악한 사람입니다.

저자에게 출간 제의로 연락을 했던 건 어디까지나 SNS 피드에 올라온 토끼가 귀여워보였기 때문입니다. 정말, 그게 전부였습니다. 소외된 생명들을 위하겠다는 어떤 다른 숭고한 뜻 같은 건 전혀 없었습니다.

때문에 원고를 읽는 내내 마음이 불편했고, 급기야 사진 이미지를 보정할 때쯤에는 정신이 끊어질 정도였습니다.

저는 분명 악랄한 사람인지라, 제가 저지르지 않은 모든 죄악에 대해 조금도 너그럽지가 않습니다. 오히려 철저하게 응징해야 한다며, 없었던 혐오심까지 억지로 쥐어짜내는 사람이죠. 그래서 괴로웠습니다. 늘 책상 앞에서 활자로만 세상을 대하고 있었던 탓에, 세상에 이토록 많은 토끼들이 버려지는지 몰랐습니다. 그저 나와 내 가족의 안위 외에는 조금도 관심 없었던 몸인지라, 이 순간에도 길바닥에서 숨이 끊어지는 생명이 있단 사실이 그저 무한한 어둠이 되어 머리끝에서 발끝까지 모래처럼 쌓일 뿐입니다.

그렇다고 악마 같은 제가 하루아침에 개과천선을 한 것도 아닙니다. 생명이라니요? 아이들 키우기도 버거운 처지에 감히 귀한 생명을 집에 들일 수도 없습니다. 저는 악한데다 용기마저 없는 위인인 게죠.

이토록 한심한 제가 이런 귀한 원고를 세상에 내보여도 되는지, 부끄러운 마음에 작업이 더딜 수밖에 없었습니다.

그래도 핑계를 대자면, 단단한 각오로 펜을 든 저자의 의지와 달리 원고의 전반적인 색깔이 하나로 갈무리되어 있지가 않았습니다. 이건 단순히 글쓰기 실력이 미흡하다거나 직접 인터뷰를 하고, 자료를 조사하고, 현장을 발로 뛰어다닌 노력이 부족했었다는 걸 말하는 게 아닙니다. 저는 오히려 자신의 역량 이상을 해낸 열정에 갈채를 보내는 쪽입니다. 원고의 톤이 정제되지 않은 건 어디까지나 인터뷰에 응해준 이들의 마음을 모두 챙기려 했던 저자의 인품 때문이었을 겁니다.

저자는 분명 감정조절이 가능할 만큼 유기토끼들에 관한 경험이 완숙한 편입니다. 그래서 충분히 다큐멘터리적인 접근이 가능했었고, 실제로 제게 최초로 줬었던 사진들 중에는 문자 그대로 날것의 충격을 고스란히 안겨주는 강렬한 컷들이 많았습니다. 예를 들어, 60페이지 '흙 속의 하얀 털' 편에서는 사체 확인이 어려울 정도로 짓이겨진 흙더미 속에서 하얀 털이 삐죽 올라온 이미지가 있었고, 88페이지 '미국 마이애미 피셔 섬의 마리나' 편에서는 목이 잘린 토끼 사체나 짓눌려 형체를 알아보기 힘든 이미지도 있었습니다.

그게 실제 우리 사회의 현실이라는 걸 알리고 싶었던 저자는 그걸 전부 고스란히 담아 제게 보내온 것이었습니다.

반면, 구조된 토끼들과 가족을 이루었던 이들의 글과 사진은 결이 완전히 다를 수밖에 없습니다. 편집자 입장에서는 이미 그걸 간파했었고, 글의 순서도 재배열 할 수는 있었지만,

작업에 선의로 참여의 뜻을 보여준 모든 이들을 안고 가려는 저자의 타고난 심성까지 제가 재단할 수는 없었습니다.

음흉한 저는 오래지 않아 이런 불편함 속에서 다시 탐욕을 부리기 시작했습니다. 강렬한 이미지의 사진을 최대한 줄이고, 가정을 꾸려 행복해진 토끼들과 어쩔 수 없이 이별한 토끼들의 이미지를 담는데 더 신경을 썼습니다. 게다가 끝내 표지마저 화사하고 귀엽게 웃는 토끼들의 그림을 앞세웠습니다.

그러니 이 책을 읽으시는 독자들이 어떤 불편을 느끼셨다면, 그건 오로지 간악한 저의 권모술수 때문입니다. 저의 뱀같은 혓바닥과 박쥐같은 습성 때문입니다. 그런 제가 마지막까지 더러운 날개를 펄럭이며 혀를 놀려 봅니다.

"길거리에서 죽어가고 있는 생명들이 있습니다. 당신의 책임은 아니지만, 당신의 도움이 필요합니다. 부디 이 책을 읽어주세요. 책을 읽고, 소문을 내세요! 당신이 당장 팔자에 없던 알파파나 소변패드를 구비한 후 토끼를 입양하길 바라는 게 아닙니다. 그저 읽어만 주셔도 작은 숨결 하나가 이어질 수 있습니다. 부디, 부탁드립니다."